Johannes Wahn

Kritik der Lehre Lotzes von der menschlichen Wahlfreiheit

Johannes Wahn

Kritik der Lehre Lotzes von der menschlichen Wahlfreiheit

ISBN/EAN: 9783743485969

Hergestellt in Europa, USA, Kanada, Australien, Japan

Cover: Foto ©ninafisch / pixelio.de

Weitere Bücher finden Sie auf **www.hansebooks.com**

Kritik

der Lehre Lotzes

von der menschlichen Wahlfreiheit.

Inaugural-Dissertation

zur Erlangung der Doktorwürde,

genehmigt von der philosophischen Fakultät der Vereinigten

Friedrichs Universität

Halle - Wittenberg,

verfaßt von

Johannes Wahn.

aus Koten a. d. S.

.

Halle a. S.

Heynemann'sche Buchdruckerei (J. Beyer.

1888.

Dem Herrn

Professor Dr. Stumpf

in

Dankbarkeit und Verehrung

gewidmet.

Schon im Hinblick auf das rege Interesse, welches der Frage nach der Willensfreiheit und bereits seit einigen Jahrzehnten der Philosophie H. Lotzes entgegengebracht wird, muß man es wunderbar finden, daß Lotzes Stellung zum Freiheitsproblem bisher noch keine kritische Behandlung erfahren zu haben scheint, die im Druck erschienen wäre.*) Außerdem fordert das eigentümliche Verhältnis, in welchem die Annahme der menschlichen Freiheit zu dem System Lotzes steht, die Kritik geradezu heraus. Es wird deshalb Niemand befremden, wenn ich eine Kritik der Lehre Lotzes von der menschlichen Wahlfreiheit zu liefern versuche.

Lotze ist Indeterminist. Seine Überzeugung von der Freiheit des Willens fußt auf den beiden Thatsachen des Schuldbewußtseins und des Pflichtgefühls.**) Wir bereuen nur dann etwas, wenn wir uns zugleich bewußt sind, daß wir auch etwas anderes haben wollen können, und wir fühlen uns nur zu dem verpflichtet, was wir glauben wollen zu können. Nun meint Lotze nicht etwa, daß schon das bloße Bewußtsein, man habe etwas wollen können oder man könne etwas wollen, die Freiheit beweise.

Er gesteht zu, daß dies Bewußtsein an sich und ohne weitere Überlegung zu unklar ist, um denjenigen Begriff der Freiheit zu liefern, um den es dem Philosophen zu thun ist.***) Und dies ist auch thatsächlich der Fall, denn der unbefangene Mensch setzt sich als Wollenden nicht in Gegensatz zu seinen Trieben und Leidenschaften, sondern im Gegensatz zu andern Menschen. Wenn er also glaubt,

*) H. Sommers Aufsatz über die Willensfreiheit (in den preußischen Jahrbüchern Bd. 18 und 19) fußt auf Lotze, enthält aber keine Kritik desselben.

**) Grundzüge der prakt. Phil. 2. Aufl. S. 24, 25.

***) Grundzüge der Religionsphil. 2. Aufl. S. 64.

etwas wollen zu können, so denkt er wohl nur daran, daß kein Anderer ihn daran hindern, aber nicht daran, ob auch sein eigener Gemütszustand seinem Wollen kein zwingendes Hindernis bereiten wird.

Aber das Bewußtsein des Könnens würde auch dann, wenn es ganz klar wäre, die Freiheit nicht beweisen. Unser Bewußtsein ist ein untrüglicher Zeuge nur dafür, daß wir eine seelische Thätigkeit ausüben, aber nicht auch dafür, daß wir sie ausüben können. Im ersteren Falle spottet die Zuverlässigkeit desselben jeder Prüfung und dient vielmehr selbst als letzter Prüfstein. Hinsichtlich unseres Könnens dagegen verdient es nicht das gleiche Zutrauen. Jedermann weiß, wie leicht wir uns über unsere Fähigkeiten täuschen, und indem man das Bewußtsein der Ausführung einer That als Beweis für die Wahrheit des Bewußtseins der Fähigkeit, sie zu vollbringen, ansieht, gesteht man den wesentlichen Unterschied in der Evidenz der beiden Bewußtseinsinhalte ein.

Dasselbe wird noch klarer, wenn wir zu unserem Falle zurückkehren und beide Bewußtseinsinhalte auf ihre Entstehung hin betrachten. J. St. Mill macht mit Recht darauf aufmerksam, daß das Bewußtsein, etwas zu wollen, eine unmittelbare Erfahrung, die Überzeugung aber, unabhängig von der Stärke der Motive etwas wollen zu können, erst eine „Interpretation" früherer Erfahrungen ist, und daß letztere auch eine deterministische Auslegung zulassen.*) Auch diese Unzuverlässigkeit des Bewußtseins der Freiheit räumt Lotze ein. Ohne die angebliche Evidenz desselben auch nur zu erwähnen, beginnt er sogleich mit einer Prüfung der Erfahrungen, auf die es sich etwa stützen könnte, um dann zu erklären, daß diese sich auch deterministisch begreifen lassen. Es ist zwar oft nicht möglich, sagt er, den Beweggrund aufzufinden, der einen Entschluß bestimmt haben soll, aber daraus folgt noch nicht, daß nicht dennoch ein solcher Beweggrund vorhanden gewesen ist, und es ist vielleicht bloß die Lückenhaftigkeit unserer Erinnerung, die uns denselben entgehen läßt. Ferner antwortet zwar auf die gleiche

*) J. St. Mill, la philosophie de Hamilton etc., traduit par Cazelles, du libre arbitre.

Veranlassung nicht immer der gleiche, sondern bald dieser, bald der entgegengesetzte Entschluß, aber auch daraus darf noch nicht auf die Unabhängigkeit der Willensakte von den Veranlassungen geschlossen werden. Auch hier ist ein kausaler Zusammenhang möglich, denn jede Wirkung empfängt ihre Gestalt nicht nur von dem A welches auf B einwirkt, sondern auch von dem B. welches seiner eigenen augenblicklichen Beschaffenheit gemäß reagirt. Dieses B nun ist unser jedesmaliger Gemütszustand, und veränderlich, wie er ist, kann er auf die gleiche Veranlassung hin ganz verschiedene Entschlüsse erzeugen. Bei dieser Zweideutigkeit der Erfahrung kann sich endlich der Indeterminist nicht einmal auf die Analogie unserer übrigen geistigen Zustände berufen, denn der ursächliche Zusammenhang, der diese verbindet, spricht nicht für, sondern gegen die Annahme der Willensfreiheit.*)

Damit erkennt Lotze ausdrücklich an, daß die Erfahrung einen direkten Beweis für das Vorhandensein der Freiheit versagt. -- Ferner gesteht er zu, daß auch ein avagogischer Beweis dem konsequenten Determinismus gegenüber unmöglich ist. Er räumt ein, daß der letztere im Stande ist, die Entstehung des angeblich irrtümlichen Freiheitsbewußtseins psychologisch ohne Widersprüche zu erklären, und daß er auch die Thatsachen des Schuldbewußtseins und des Pflichtgefühls nicht etwa zu leugnen braucht, sondern auch sie ohne die Annahme der Freiheit psychologisch zu begreifen vermag.

Theoretisch ist deshalb nach Lotzes Ansicht gegen den entschiedenen Determinismus überhaupt nichts einzuwenden.**) Daß er ihm trotzdem nicht huldigt, geschieht deshalb, weil er sein sittliches und religiöses Gefühl verletzt. Lotze kann nur denjenigen für wahrhaft schuldig einer That halten, der sich mit Freiheit für dieselbe entschieden hat, und es scheint ihm unmöglich, zu glauben, daß etwas unbedingt verpflichtend sei, wenn es nicht auch unbedingt und frei

---

*) Mikr. I. S. 157 159. Die Citate aus dem Mikrokosmus beziehen sich auf dessen erste Auflage (von 1856, 1858, 1864.)
**) Grundzüge der prakt. Phil. 2. Aufl. S. 25. Grundzüge der Religions philosophie 2. Aufl. S. 65.

gewollt werden kann. Wir würden deshalb nach Lotze, wenn es keine Freiheit gäbe, uns schuldig fühlen, ohne es zu sein, und das Schuldbewußtsein, wenngleich psychologisch erklärbar, würde doch der Berechtigung entbehren. Und mit den sittlichen Geboten wäre dann das Gleiche der Fall. Sie würden kein Recht haben, mit dem Anspruch auf unbedingte Befolgung aufzutreten, wenn der Mensch nicht die Freiheit besäße, sie zu befolgen unter allen Um= ständen. Aber die Achtung vor dem Sittengesetze macht es für Lotze unmöglich, anzunehmen, daß die Ansprüche desselben unbe= rechtigt seien, und die feste Überzeugung von dem Vorhandensein einer vernünftigen und gerechten Weltordnung verbietet ihm, zu glauben, daß wir den Schmerz der Reue tragen müssen, ohne schuldig zu sein, daß Gott etwas von uns verlange, was wir doch nicht leisten können.*) Aus zwei Voraussetzungen also schließt Lotze auf das Vorhandensein der Freiheit: Schuldbewußtsein und Pflichtgefühl, so lautet die erste derselben, sind nur dann berechtigt, wenn unser Wille frei ist. Nun wäre es ja logisch denkbar, daß sie unberechtigt wären, aber sie sind berechtigt, denn es giebt eine vernünftige Weltordnung, und dies ist die zweite Voraussetzung. Da sie also berechtigt sind, so giebt es eine Freiheit. Was Lotze zum Indeterminismus treibt, das ist das Bestreben, die Thatsachen der Reue und des Pflichtgefühls zu versöhnen mit dem Glauben an eine gerechte und vernünftige Weltordnung.

Dieselben Thatsachen, welche Lotze zur Annahme der Freiheit nötigen, liefern ihm natürlich auch die näheren Bestimmungen des Begriffs dieser Freiheit. Sie muß derartig sein, daß durch ihr Vorhandensein das des Schuldbewußtseins und des Gefühls der Verpflichtung gerechtfertigt wird.

Nach Lotzes Meinung ist etwas nur dann als Verdienst oder Schuld zu betrachten, wenn es gewollt ist, aber er hält es für einen Irrtum, mit Herbart zu glauben, das Wollen genüge, und auf die Entstehungsweise dieses Wollens komme es nicht an. Bei jeder Schuld, sagt Lotze, wird wenigstens im Stillen vorausgesetzt, daß

*) Ebenda und Grundzüge der Religionsphilosophie S. 64. Lotze deutet diese Gründe bloß an. Deshalb die Breite meiner Ausführung.

der Schuldige auch etwas anderes habe wollen können, sein Wollen also ein freies gewesen sei.*) Auch enthält diese Voraussetzung nicht nur die Freiheit von dem Zwange äußerer Ursachen, die Richtung des Wollens darf nicht einmal durch die eigene Natur des Wollenden bestimmt sein. Der Entschluß darf nicht die Wirkung früherer geistiger Zustände sein, er muß ursachlos entstehen.**) Schließlich bleibt Lotze nicht, wie nach seiner Ansicht Kant, bei der Annahme einer bloß einmaligen freien That stehen, durch die sich jeder Mensch als Ding = an = sich in einem unzeitlichen Dasein seinen Charakter verliehen haben soll, wäh= rend jeder fernere Willensakt als notwendige Folge dieses Charakters betrachtet wird. Das Gebot der Pflicht würde mit Unrecht auf Befolgung dringen, wenn wir die Freiheit nur einmal besessen hätten und sie nicht auf jedes Gebot hin von neuem bethätigen könnten.***)

Hervorzuheben ist die Strenge des Lotze'schen Indeterminismus. Der Indeterminist pflegt den Motiven nicht jeglichen Einfluß auf den Willen abzusprechen. Während eine bestimmte Verbindung von Bedingungen sonst immer nur einen bestimmten und keinen anderen Erfolg hervorzubringen imstande ist, betrachtet der Indeter= minist die Motive unserer Willensakte zwar als Bedingungen oder Ursachen, aber als solche, welche nicht nur einen bestimmten, sondern statt seiner ebensogut einen anderen Entschluß zu erzeugen vermögen. Lotze vermeidet diesen Gebrauch der Worte Ursache und Bedingung. Er spricht, wie er selbst erklärt, von Freiheit nur „in dem ver rufenen Sinne einer völlig unbedingten Wahl zwischen a und non a."†). „Vollkommen unfruchtbar", sagt er, „sind alle Versuche, eine Wirksamkeit zwar zuzugestehen, aber sie als bloße Einladung oder Inklination des Willens noch von einer völligen Determination desselben unterscheiden zu wollen."††)

*) Grundzüge der prakt. Phil. S. 25.
**) Grundzüge der prakt. Phil. S. 26.
***) Grundzüge der prakt. Phil. S. 26.
†) Grundzüge der Religionsphilosophie S. 66.
††) Grundzüge der prakt. Phil. S. 31

Wie schon erwähnt, hält es Lotze für unmöglich, den Besitz der indeterministischen Freiheit nun auch theoretisch nachzuweisen. Aber eben so wenig hält er die Annahme der Freiheit für widerlegbar. Er beschränkt sich deshalb auf die Verteidigung und ohne auch seinerseits einen theoretischen Einwurf gegen den Determinismus zu machen, sucht er nur dessen Einwände zurückzuweisen. Er ordnet dieselben unter drei Gesichtspunkte und unternimmt es demgemäß, zu zeigen, daß die Annahme der indeterministischen Freiheit

1. nicht durch psychologische Beobachtungen widerlegt werden könne,

2. nicht mit seiner sonstigen Weltanschauung kollidire und vor Allem

3. die Thatsachen des Schuldbewußtseins und des Pflichtgefühls nicht ungerechtfertigt lasse und somit auch wirklich dasjenige leiste, um deswillen man sie wage.*)

Erster Teil.

Was beweisen die Beobachtungen der Psychologie hinsichtlich der Willensfreiheit?

Erster Abschnitt.

Individuelle Psychologie und Willensfreiheit.

Unsere sinnlichen Triebe und solche Wünsche, die zur That werden, ohne daß auch nur der Gedanke auftaucht, ihnen zu widerstreben, sind ursächlich bedingt. Diese Überzeugung nötigt Lotze zur näheren Bestimmung des Willens, dessen Freiheit er behauptet. Er schließt jene Triebe und Wünsche aus dem Begriff des Willens aus und beschränkt diesen auf die Entschlußfassung, d. h. auf das Wählen zwischen mehreren Trieben und Wünschen. Lotzes Willensfreiheit ist Wahlfreiheit; sie ist beschränkt hinsichtlich der Zahl der zur Wahl vorgestellten Motive, denn diese werden nicht durch den freien Willen, sondern durch den ursächlich bedingten Verlauf unserer Vorstellungen und Gefühle geschaffen, und sie besteht darin, daß

---

*) Grundzüge der Psychologie. 3. Aufl. S. 95.

die Wahl unabhängig von der Stärke der Motive*) zu Stande kommt.**)

Die Frage liegt nahe, ob der Wahlakt auch wirklich als eine That des Willens und nicht vielmehr als ein Urteil zu betrachten ist.***) Lotze hat sich nicht auf dieselben eingelassen, und wir thun desgleichen, denn ihre Beantwortung würde weder den Streit über die Wahlfreiheit verhüten, noch die Mittel ändern, mit denen er zu führen ist. Gesetzt auch, die Wahl wäre ein Urteil, so würde doch das Bedürfnis, Schuld und Pflicht gerechtfertigt zu sehen, zwar nicht mehr zur Annahme der Willensfreiheit, aber dafür zum Glauben an die Freiheit des wählenden Urteils führen. Ferner würde der Versuch, die Wahlurteile nach Analogie der übrigen Urteile, die mit Notwendigkeit erfolgen, zu behandeln, von den Indeterministen mit demselben Rechte zurückgewiesen werden, mit welchem Lotze die Analogie der Triebe und Wünsche zurückweist. Die wählende Kraft würde also zwar einen anderen Namen erhalten, aber darüber, ob wir sie als bedingt= oder als frei wirkende anzu= sehen hätten, entschiede nach wie vor das Verhältnis ihrer Leistungen zu den Motiven.

Ein Irrtum nun ist es nach Lotzes Ansicht, die Abhängigkeit der Wahl von der Stärke der Motive für eine beobachtbare zu halten. Er sagt: „Glauben wir in vielen Fällen nachweisen zu können, wie unser Entschluß durch die vorangegangenen geistigen Zustände determinirt worden sei, so können wir dasselbe in ebenso zahlreichen anderen Fällen gar nicht. Aber auch die ersten Fälle sind zweideutig: Wenn zwei Motive a und b überlegt worden sind,

---

*) Streng genommen darf das Wort „Motiv" oder „Beweggrund" nur vom erklärten Determinisjten und zur Not vom gemäßigten Indeterministen (i. o. S. 9) gebraucht werden. Indem wir dasselbe dem Sprachgebrauch folgend auch dem strengen Indeterministen in den Mund legen Lotze wendet es auch selbst an sehen wir natürlich von der damit ausgedrückten Beeinflussung der Wahl ab. Wir verstehen unter Motiv jeden vom Bewußt sein seiner Ausführbarkeit begleiteten Wunsch oder Trieb.

**) Mtkr. I, S. 277—279.

***) Karl Göring, System d. krit. Philosophie, Kap. III. behauptet, bei sich kreuzenden Willensrichtungen sei die Entscheidung ein Urteil des Verstandes.

12

und dann eine Handlung *z* ausgeführt wird, welche dem b ent=
spricht, so entsteht nachher freilich für uns allemal der Schein, als
sei *z* natürlich durch b und dessen Übermacht über a mit Notwendig=
keit herbeigeführt. Allein für die Intensitäten der Motive a und b
besitzen wir gar keinen Maßstab, nach welchem wir sie vor der
entstehenden Handlung abmessen könnten. Daß b das stärkere
gewesen sei, ist bloß eine Hypothese, die wir ex post machen, weil
wir eben daran gewöhnt sind, Wirkungen in der Natur aus solchem
Übergewicht einer größeren Kraft über die kleinere abzuleiten.
Nehmen wir dagegen an, es sei eben ein freier Wille gewesen, der
für *z* entschied, so wird alles sich ebenso zu verhalten scheinen.
Auch dann werden wir nachher b als das stärkere Motiv betrachten
können, nur wird sein Übergewicht dann eben von dem freien Ent=
schluß herrühren, mit welchem der Wille sich für es entschied. Alle
Selbstbeobachtungen sind deshalb zweideutig."*)

Mit Recht spricht Lotze in dieser Auseinandersetzung nur von
einer nachträglichen Prüfung des Verhältnisses der Entschlüsse zu
den Motiven, denn den eigenen Entschluß schon im Augenblick seiner
Entstehung zu betrachten, ist dem Menschen versagt; die auf den
Vorgang selbst gerichtete Aufmerksamkeit würde diesen hemmen.
Eine eigentliche Selbstbeobachtung ist deshalb unmöglich, wir müssen
uns mit der bloßen Erinnerung begnügen.**) Auch die Lückenhaftig=
keit dieser ist einzuräumen. Oft sind wir außer Stande, für einen
Entschluß ein Motiv anzugeben, und da, wo wir es vermögen, er=
scheint uns dasselbe häufig als so geringfügig, daß wir nicht begreifen,
wie wir uns dafür haben entscheiden können. Nun würden wir
in solchen Fällen bei der anerkannten Gleichartigkeit aller Entschlüsse
nach der Analogie derjenigen urteilen dürfen, an deren Entstehung
wir uns vollständig erinnern, wenn die Erinnerung die nötige Zu=
verlässigkeit besäße. Aber auch auch diese fehlt ihr.

Allerdings darf man ihre Sicherheit nicht unterschätzen. Ungenau

---

*) Grundzüge der prakt. Phil. S. 27; Grundz. d. Psychologie. Schluß.
**) Es ist das Verdienst von Brentano, Psychologie rc. S. 35, die
Unmöglichkeit der Beobachtung eigener psychischer Vorgänge während ihres
Geschehens erkannt und begründet zu haben.

ift jedenfalls Loßes Behauptung, daß wir für die Intenfitäten, mit welchen die Motive vor der Wahl aufgetreten find, keinen felbft= ftändigen Maßftab befißen und bloß aus dem Wahlergebnis auf ihre Stärke zurückfchließen. Denn vor der Entscheidung fowohl, als beim Rückblick auf ihr Zuftandekommen wiffen wir oft recht gut, was uns lieber ift und war und was weniger wertvoll. An den deutlich unterscheidbaren Graden der ihnen anhaftenden Luft oder Unluft haben wir mithin vielfach einen Maßftab für die Stärke der Motive vor der Entscheidung;*) und gerade durch das Vor= handensein desselben unterscheiden sich die Fälle, in denen wir „glauben nachweisen zu können, wie unser Entschluß durch die vorangegangenen geistigen Zuftände determinirt worden sei," von denen, in welchen wir dies nicht zu können glauben.

Aber andererseits verdient die Erinnerung auch nicht zuviel Zutrauen. Sie lehrt nicht, ob es nun auch seine eigene Stärke gewesen ist, die dem einen der Motive zum Siege verholfen hat. Mögen wir auch über die Kraft, mit der unsere Motive sich eine Zeit lang bekämpft haben, nicht ganz im Unklaren sein, so find uns doch die letzten Augenblicke unmittelbar vor der Entscheidung thatsächlich meist entschwunden. Bei der großen Geschwindigkeit, mit welcher Hoffnung und Furcht, Billigung und Abscheu bald dieses bald jenes Motiv verstärken oder schwächen, ist es deshalb nicht ausgeschlossen, daß das anfänglich stärkere und schließlich bevorzugte Motiv noch kurz vor seiner Wahl sein Übergewicht verloren hat. Jedoch auch in solchen Fällen, wo wir uns der Übermacht eines Motivs bis zur Entscheidung selbst auf das deutlichste erinnern, wo wir den Grund, der uns angeblich geleitet hat, mit Bestimmtheit angeben können — selbst da könnte der Indeterminist zweifeln, ob das Über= gewicht dieses Grundes den Willen bestimmt, oder letzterer sich frei für denselben entschieden hat. Obgleich wir also an den Graden der Luft und Unluft einen Maßftab für die Stärke der Motive vor der Entscheidung befißen, so folgt doch daraus noch nicht, daß die Entscheidung durch die größere Stärke des einen beeinflußt wird.

---

*) J. St. Mill, la philosophie de Hamilton etc. traduit par Cazelles, du libre arbitre.

Aber Lotze ignorirt die Thatsache, daß unsere Entschlüsse der Macht der Gewohnheit unterliegen. Es läßt sich nicht leugnen, daß die Wahrscheinlichkeit, mit der die Wahl des Motivs A zu erwarten ist, desto größer ist, je häufiger wir bereits das A vor seinem Gegenmotiv B bevorzugt haben. Ebenso muß anerkannt werden, daß uns die Entscheidung für A desto leichter wird, und die für B desto schwerer fällt, je öfter wir A schon gewählt haben; mit anderen Worten, daß die als Lust oder Unlust gefühlte Stärke der Motive von derselben Gewohnheit abhängt. Man kann deshalb den Satz „Je öfter das eine von zwei Motiven gewählt worden ist, desto wahrscheinlicher ist seine Wiederwahl" verwandeln in den folgenden: „Jemehr das Motiv durch Gewohnheit verstärkt ist, desto wahrscheinlicher ist seine Wiederwahl." Dieser Parallelismus scheint die Annahme nötig zu machen, daß die Stärke der Motive auch die Entscheidung beeinflußt. In der äußeren Natur pflegen wir da, wo die Wahrscheinlichkeit eines Ereignisses mit dem Anwachsen einer Kraft gleichen Schritt hält, einen ursächlichen Zusammenhang vorauszusetzen.

Der Indeterminist könnte Folgendes einwenden: „Wenn ein Motiv A durch Gewohnheit verstärkt ist, so ist nur dies wahrscheinlich, daß die Handlung im Sinne von A ausfällt. Das braucht aber nicht durch Wahl des A zu geschehen; die Gewohnheit erlangt oft eine so große Macht, daß der Mensch gar nicht mehr daran denkt, dem Reize, den A auf ihn ausübt, zu widerstehen, und ganz mechanisch handelt. Je größer somit das Übergewicht des A über B wird, desto unwahrscheinlicher wird das Zustandekommen einer Wahl überhaupt, desto weniger ist erst infolgedessen die Wahl von B zu erwarten. Das Übergewicht des einen Motivs A bildet den Maßstab nicht für die Wahrscheinlichkeit seiner Wahl, sondern nur für die Wahrscheinlichkeit des Eintritts einer dem A entsprechenden mechanischen Handlung."

Daß die Gewohnheit so mächtig werden kann, wie hier behauptet wird, ist zuzugeben. Aber die Selbstbeobachtung lehrt, daß die Wahrscheinlichkeit der dem A entsprechenden That auch da vorhanden ist, wo die Fähigkeit zu wählen, d. h. der Gedanke an

Widerstand noch nicht geschwunden ist. Wer sich daran gewöhnt hat, trotz dringender Arbeit allabendlich auszugeben, der weiß sehr wohl, daß noch immer jeden Abend Pflicht und Neigung mit einander streiten, und daß trotz alledem die Wahrscheinlichkeit, einmal daheim zu bleiben, geringer ist, als vor der Annahme dieser Gewohnheit.

Lotze erleichtert sich den Nachweis der Zweideutigkeit psychologischer Beobachtungen dadurch, daß er nur isolirte Beobachtungen einzelner Entschlüsse auf ihre Beweiskraft hin untersucht. Ein sicheres Resultat ist hier schon von vornherein unwahrscheinlich, denn auch in der äußeren Natur berechtigt die Wahrnehmung der einmaligen Aufeinanderfolge zweier Ereignisse an sich noch nicht zur Annahme ihres ursächlichen Zusammenhangs. Diesen glauben wir erst dann voraussetzen zu dürfen, wenn wir die ausnahmslose Wiederkehr gleicher Folgen bei gleichen Antezedentien wahrnehmen. Wenn dieser Grundsatz richtig ist, so würden wir auch die ursächliche Bedingtheit unserer Entschlüsse als erwiesen betrachten müssen, falls sich zeigen ließe, daß, so oft die gleichen Motive a und b wiederkehrten, (so daß b das stärkere wäre), stets auch der dem b entsprechende Entschluß β, und niemals der entgegengesetzte α erfolgte *). Allerdings wäre damit nicht ausgeschlossen, daß nicht auch andere Bedingungen, als gerade der Streit zwischen a und b, den Eintritt von β zur Folge haben könnten, aber immerhin würden wir die Bedingtheit des β anerkennen müssen. Auch würden b und a noch nicht als ausreichende Ursachen, ja überhaupt nicht einmal als Ursachen von β betrachtet werden müssen, aber jeden falls wären sie Miturfachen oder Koeffekte verborgener Ursachen.

Es fragt sich also, kann man durch Beobachtung feststellen, daß auf die gleichen Antezedentien niemals der entgegengesetzte Ent schluß folgt? Mit anderen Worten: Läßt es sich nachweisen, daß,

*) J. St. Mill, la philosophie de Hamilton etc., traduit par Cazelles, du libre arbitre: „lors même que le motif le plus fort signifierait le motif qui l'emporte, il y a toujours un motif qui l'emporte et, tous les autres antecédents restant les mêmes, le motif qui prevaut aujourd'hui prevau-dra toujours".

so oft einem Entschlusse die gleichen Motive zu Grunde zu liegen scheinen, die sonst den entgegengesetzten Willensakt zur Folge hatten, die Annahme der Gleichheit dieser Motive auf Ungenauigkeit der Beobachtung beruht? Gleichheit der Motive dürfen wir nur dann annehmen, wenn wir Gleichheit der Veranlassungen zum Handeln und Gleichheit der Empfänglichkeit für diese Veranlassungen wahrnehmen. Soll also Verschiedenheit der Motive nachgewiesen werden, so ist darzuthun, daß entweder der geistige Zustand des beobachteten Individuums, oder die Veranlassung Unterschiede von sonst aufweist, oder beide in Wirklichkeit andere, als früher gewesen sind.

Der Determinist muß sich mit annähernder Beobachtbarkeit begnügen. Betrachten wir ein Beispiel: Wie sonst holt mich zur gewohnten Stunde derselbe Freund zum Spaziergang ab; er findet mich bei derselben Beschäftigung; das Wetter ist dasselbe, das Ziel, das er vorschlägt, das gleiche, wie immer, nichts fesselt mich gerade heute ans Haus — und trotzdem lasse ich den Freund heut' ausnahmsweise allein spazieren gehen. Die Veranlassung zum Handeln war die gleiche, wie sonst, aber auch mein Zustand scheint derselbe gewesen zu sein, und ich wundere mich vielleicht selbst darüber, daß ich daheim geblieben bin. Aber bei längerem Suchen werde ich meist Gründe für mein Thun entdecken; ich werde vielleicht finden, daß mich die Arbeit gerade heute besonders gefesselt, der Gedanke an die gleichförmige Wiederkehr fast derselben Unterhaltung mich abgeschreckt hat u. a. m. Deutlicher und bemerkbarer sind vielleicht die Unterschiede der Veranlassungen. Wenn mich in Vertretung von A, mit dem ich sonst immer ausgegangen bin, unter gleichen Umständen, wie sonst dieser, heute einmal B zur Begleitung auffordert, so werde ich den Grund meiner Weigerung vielleicht schneller, als im vorigen Falle, in der Persönlichkeit des B entdecken. Möglicherweise finde ich außer dem Unterschiede der Veranlassung auch noch in meinem eigenen Zustande Abweichungen von sonst vor. Ebenso bei der Beobachtung Anderer! Je ferner wir ihnen stehen, desto mehr setzt es uns in Erstaunen, wenn sie auf scheinbar gleiche Veranlassungen hin bald so, bald anders handeln. Je näher wir aber Jemand kennen lernen, desto deutlicher

erbliden wir die Unterschiede, die seine jedesmalige Gemütsver=
fassung und seine äußere Lage trotz der Gleichheit einzelner Um=
stände vor dem Zustandekommen entgegengesetzter Entschlüsse auf
weisen*). Freilich suchen wir oft auch vergeblich nach Unterschieden.
Da jedoch die Wahrscheinlichkeit, solche zu entdecken, zugleich mit
der Genauigkeit der Beobachtung zunimmt, so sind wir berechtigt,
anzunehmen, daß bei vollständiger Beobachtbarkeit der zu entgegen=
gesetzten Entschlüssen führenden Motive sich niemals Gleichheit der=
selben zeigen würde.

Aber wie, wenn der Indeterminist die Zuverlässigkeit solcher
Beobachtungen leugnet, wenn er erklärt, es sei nichts, als die vor=
gefaßte Meinung von der Bedingtheit aller Entschlüsse, die uns
nachträglich in den Motiven entgegengesetzter Willensakte Unter=
schiede erblicken lasse, welche ein vorurteilsfreier Betrachter nicht
würde entdecken können! Der Determinist braucht nicht an die
Wahrheitsliebe der Gegner zu appelliren; seine Beobachtungen
werden gleichsam experimentell bestätigt, denn ihr Ergebnis - die
Gleichheit der Entschlüsse bei gleichen Motiven — macht es mög=
lich, die zukünftigen Entschlüsse Anderer aus der Beschaffenheit ihrer
Motive voraus zu berechnen Allerdings darf derartigen Schlüssen
nicht diejenige Sicherheit zuerkannt werden, mit welcher wir das
Fallen des Steines erwarten dürfen, den unsere Hände loslassen.
Aber der Unterschied beruht nicht auf der Abwesenheit des kausalen
Zusammenhangs, der dort etwa fehlte, während er hier vorhanden
wäre. Denn welch ein Verhalten wir von Anderen unter gegebenen
Umständen zu erwarten haben, darüber befragen wir am besten
deren nächste Umgebung; und den Erwartungen des erfahrenen
Menschenkenners dürfen wir sicherer vertrauen, als den Hoffnungen
der achtlosen Jugend. Indem wir also anerkennen müssen, daß
unsere Erwartung der Wiederkehr gleicher Entschlüsse desto gewisser

*) Hume, eine Untersuchung in Betreff des menschlichen Verstandes,
v. Kirchmannsche Übersetzung. S. 86: „Die unregelmäßigen und uner=
wartesten Entschlüsse eines Menschen werden von dem verstanden, der alle
Einzelheiten seines Charakters und seiner Lage kennt."

2

sein darf, je genauer die Beobachtung der Neigungen und Veran=
lassungen gewesen ist, auf Grund deren wir die Gleichheit der
Motive annehmen, müssen wir auch eingestehen, daß nur unsere
Unkenntnis der Bedingungen, nicht deren Abwesenheit, der Berech=
nung der Entschlüsse die Sicherheit raubt.

Noch mehr ähnelt diese Probe dem Experiment dann, wenn
wir das künftige Thun unserer selbst oder Anderer bestimmten
Zwecken dienstbar machen. Freilich können wir die Elemente,
von deren Zusammenwirken wir einen bestimmten Entschluß
erwarten, nur annähernd bestimmen und in willkürlich geord=
neten Verhältnissen zusammenstellen. Obschon es sich bewerk=
stelligen läßt, Jemand in dieselbe Lage zu versetzen, die sonst
bei ihm oder bei Anderen den zu erzielenden Entschluß anzu=
regen pflegte, so ist doch unsere Kenntnis seiner damaligen In=
teressen und ihrer seitdem erfolgten Veränderungen nur unvoll=
ständig; und sind letztere auch bekannt, wie will man sie vollständig
ausscheiden! Mit sich selbst aber derartige Versuche anzustellen,
scheint erst recht vergeblich. Wenn es auch möglich wäre, im Üb=
rigen genau in derselben geistigen Verfassung, wie früher, in die=
selbe Situation einzutreten, so würde doch das Bewußtsein selbst,
daß es gelte, eine Probe zu bestehen, als neu hinzutretendes Ele=
ment die Reinheit des Experimentes trüben. Aber immerhin können
wir mit jener annähernden Sicherheit des Erfolges experimentiren,
die mit der Genauigkeit der zu Grunde gelegten Beobachtungen
und mit der Macht über die zu verbindenden Elemente steigt und
sinkt. Selbst jene Veränderungen, die oft der Charakter unseres
Objektes gegen sonst aufweist, und seine Abweichungen von ähn=
lichen Charakteren sind wir häufig durch Erregung von Gegen=
motiven zu paralysiren imstande. Besonders ist der Erzieher, der
dem Wechsel der Interessen des heranwachsenden Zöglings mit ver=
änderten Drohungen, mit neuen Verheißungen und neuen Aufgaben
begegnet, dem Experimentator vergleichbar.

Auch hier könnte der Indeterminist einwenden, daß unsere
Einwirkung auf fremdes Thun nur insoweit auf Erfolg rechnen
dürfte, als wir mechanisches Handeln erwarten könnten. Nur so=

weit die Aussicht reicht, könnte man sagen, daß durch die Eingriffe des Erziehers Motive vernichtet und deshalb überhaupt nicht zur Wahl kommen werden, nur soweit reicht auch die Wahrscheinlichkeit, daß die Beeinflussung ihren Zweck verwirklichen wird. — Dieser Einwurf ist schon oben zurückgewiesen worden, wo von der Macht der Gewohnheit die Rede war. Von Furcht und Hoffnung, Scheu, Achtung und ähnlichen Gefühlen lehrt die Selbstbeobachtung das Gleiche, wie von der Gewohnheit. Mit ihrer Verstärkung wächst die Wahrscheinlichkeit ihres Sieges auch dann, wenn der Wunsch, ihnen zu widerstehen, nicht völlig unterdrückt wird, also gewählt werden muß.

Noch einmal zusammengefaßt ist das Ergebnis dieses Abschnittes folgendes: Die Wahrscheinlichkeit der Gleichheit der Entschlüsse ist gleich der Wahrscheinlichkeit der Gleichheit der ihnen vorangegangenen Motive. Folglich ist auch die Gewißheit der Gleichheit der Entschlüsse gleich der Gewißheit der Gleichheit der Motive. Wären wir also der Wiederkehr gleicher Motive gewiß, so dürften wir auch der Wiederkehr gleicher Entschlüsse sicher sein, d. h. auf gleiche Motive folgen gleiche Entschlüsse. Damit ist die Bedingung erfüllt, unter der wir sonst ursächliche Verknüpfung annehmen.

Lotze sucht dem Einwande zu begegnen, daß durch unsere Wahlfreiheit „alle Ordnung der Wirklichkeit" zerstört werden würde.*) Die allgemeinere Frage nach der Durchführbarkeit eines göttlichen Weltplanes gegenüber der menschlichen Freiheit wird erst später ihre Berücksichtigung finden; aber die Ordnung der Wirklichkeit schließt in sich auch die des Verkehrs der Menschen untereinander, und auf diesen beschränkt verdient jener Einwand, schon hier beachtet zu werden. Ein geordneter Zustand der menschlichen Gesellschaft ist in der That undenkbar ohne die Möglichkeit, fremde Entschlüsse wenigstens annähernd vorauszuberechnen, das eigene Verhalten ihnen anzupassen und sie selbst zu beeinflussen. Aber mehr noch! Wir würden auch unserer eigenen freien Entschließungen nie im Voraus sicher sein und ebenso wenig, wie auf Andere, uns

*) M. I. S. 281. 282.

auf uns selbst verlassen dürfen. Freilich täuschen wir uns that=
sächlich oft genug über die Festigkeit unserer Vorsätze, aber immer=
hin dürfen wir doch die Wahrscheinlichkeit, daß wir im gegebenen
Falle so und nicht anders handeln werden, nach dem Gewichte der
Gründe bemessen, die dafür sprechen; bei freier Wahl würde unsere
Voraussicht auch dieses Anhaltes entbehren. Und dann wäre es
auch bloß ein unterhaltendes Spiel und nicht die Aufgabe jedes
besonnenen Mannes, vor wichtigen Entschlüssen nach Gründen zu
suchen und die Folgen zu berechnen. Wozu ein Motiv verstärken,
wenn seine Kraft die Wahl nicht beeinflußt?

Die fernere Behauptung Lotzes, daß unsere Entwicklungsfähig=
keit*) unter der Freiheit nicht leiden würde, ist nach alledem un=
haltbar. Der Zufall, welchem unsere Entschlüsse dann überlassen
wären, würde den Einfluß der Berechnung und des sittlichen Ur=
theils nicht ersetzen können. Allerdings würden die verderblichen
Folgen der Freiheit nicht soweit reichen, daß „unser Wesen jeden
inneren Zusammenhang verlöre"; die „Einheit und Stetigkeit
unseres persönlichen Bewußtseins" würde uns erhalten bleiben.
Jedenfalls bliebe die Einheit dieses Bewußtseins unversehrt, und
die Fähigkeit des Gedächtnisses würde durch den ursächlichen Zu=
sammenhang unserer Vorstellungen und Gefühle gesichert sein.
Aber das alles genügt nicht, um den Schaden zu verhüten, den
die Wahlfreiheit unserer Entwicklung bereiten würde.

Auch Lotze selbst hat sich dieser Einsicht nicht verschließen
können. Vor Anderem erweckt die Möglichkeit der Erziehung seine
Bedenken gegen die Wahlfreiheit. „Alle Hoffnung der Erziehung",
gesteht er selbst ein, „und alle Arbeit der Geschichte gründet sich
auf die Überzeugung von der Lenkbarkeit des Willens durch das
Wachsthum der Einsicht, durch die Veredelung der Gefühle und
die Verbesserung der äußeren Lebensbedingungen."**) Auch ist es
Lotze nicht unbekannt, daß das gläubige Gemüth der Kraft seines
guten Willens im Kampfe mit den Leidenschaften mißtraut, und

---

*) M. i. S. 281. 282.
**) M. III. S. 78.

Gott um Verstärkung dieses Willens bittet;*) und er mag diesem unbefangenen Urteil über unsere Freiheit nicht jede Bedeutung ab sprechen. Um alledem gegenüber die Annahme der Wahlfreiheit nicht aufgeben zu müssen, verändert er den Begriff derselben. Während er sonst voraussetzt, daß der Wille nicht nur frei wähle, sondern auch die nötige Stärke besitze, um den Widerstand der übergangenen Motive zu brechen und so die Wahl a u ch z u m E n t s ch l u ß zu erheben, spricht er jetzt dem Willen den unbedingten Besitz dieser Stärke ab.**) Die wählende Thätigkeit des Willens besteht nach Lotze darin, daß eines der Motive unsere Billigung erfährt.***) Welchem von ihnen nun dieser Vorzug zu Teil wird, das ist nicht ursächlich bedingt; wohl aber hängt es von Ursachen ab, ob die Billigung die anderen Motive überwindet, oder der freie Wille zu schwach ist, um die Entstehung eines Entschlusses zu hindern, den er nicht billigt. Damit, meint Lotze, ist der Ein= fluß der Umgebung und Erziehung des Menschen auf seine Ent= schlüsse erklärt, und zugleich auch die Freiheit der letzteren gewahrt. Ohne die Verteilung von Billigung und Mißbilligung zu bestimmen, beeinflussen jene beiden doch den Erfolg dieser Verteilung, denn sie erhöhen oder mindern die Kraft der Motive und verstärken oder schwächen damit sowohl den Widerstand derselben gegen die Wahl, als auch die Unterstützung, die das bevorzugte Motiv durch seine Stärke dem Willen gewährt.

Es ist zweifelhaft, ob sich Lotze nicht auch die Stärke des freien Willens selbst durch Erziehung und Umgebung†) beein flußt denkt. Wahrscheinlich ist es indeß nicht, denn es liegt

---

*) M. I. 281; Grundzüge der prakt. Phil. S. 32; Grundzüge der Rel Phil. S. 67.

**) M. III. S. 79; vgl. auch Grundz. der Rel. Phil. S. 67, 68; Grundz. der prakt. Phil. S. 32. M. I. S. 281.

***) M. I. S. 280; M. III. 596.

†) Mikr. III. S. 79: „Die wirksam werdende Stärke des freien Willens, mit welcher er sich der Bestimmung durch leidenschaftliche Antriebe entzieht, ist abhängig von der Gesamtbildung der Gesellschaft.“ Der Ausdruck „wirk sam werdende Stärke“ kann sowohl überhaupt den Erfolg der Billigung be zeichnen, als auch den Beitrag, welchen die Stärke der Billigung zu diesem Erfolge liefert.

auf der Hand, daß durch die ursächliche Bedingtheit der Stärke des Willens seine Freiheit aufgehoben werden würde. Ebenso= wenig, wie die Geschwindigkeit eines bewegten Gegenstandes ohne irgend welche Richtung für sich existirt, kann die Stärke eines Willens= aktes ohne Richtung vorhanden sein. Deshalb schließt jede Abhängig= keit der Stärke des Willens auch die Abhängigkeit seiner Richtung in sich. Aber die Annahme einer Freiheit ohne unbeschränkte Macht des Willens über die Motive ist auch dann unhaltbar, wenn man die ursächliche Bedingtheit seiner Stärke leugnet. Zunächst erheben sich psychologische Bedenken. Lotze selbst sieht sich durch ein solches veranlaßt, die Änderung des Freiheitsbegriffes zurückzunehmen. Er meint, wenn man die Wirksamkeit des freien Willens einmal beschränke, so fordere es die Konsequenz, ihm überhaupt jede In= tensität abzusprechen. Damit verwandle man aber den Willen in eine bloße theoretische Einsicht.*) — Es ist nicht ersichtlich, wes= halb man dem freien Willen nicht eine gewisse, wenn auch geringe, beharrliche oder veränderliche Stärke zugestehen sollte. Eher läßt sich einwenden, daß eine Wahl, die in der Billigung eines Motives besteht, nicht frei sein kann; denn es steht nicht in unserem Be= lieben, zu billigen, was wir billigen wollen, vielmehr ist unsere Billigung auf die Gebote der Klugheit und des Gewissens und, wenn beide einander gegenüber stehen, allein auf den Ausspruch des Gewissens beschränkt. Ist nun die freie Wahl weder Entschluß= fassung noch Billigung, so bleibt noch immer übrig, sie als völlig unbekannten Vorgang vorauszusetzen. Auch so gefaßt wäre ihre Annahme eine notwendige Hypothese, sobald sie einerseits die Be= stimmbarkeit der Entschlüsse erklärte, andererseits dem sittlich= reli= giösen Bedürfnisse gerecht würde, zu dessen Befriedigung Lotze sie überhaupt aufstellt. Aber sie leistet höchstens das Erstere. Während sie die Abhängigkeit der Entschlüsse von der Stärke der Motive anerkennt, ist sie unzureichend, um Schuldbewußtsein und Pflicht= gefühl in den Augen des Indeterministen zu rechtfertigen. Denn das Gewissen fordert, daß seine Gebote nicht nur gewählt werden,

---

*) Grundz. d. prakt. Phil. S. 33.

sondern auch, daß ihre Ausführung beschlossen werde. Es würde also zu viel verlangen, wenn uns die Macht fehlte, uns für das frei Gewählte auch zu entschließen; und deshalb wäre auch der Schmerz der Reue eine unverdiente Strafe, denn wir würden uns schuldig fühlen, ohne es zu sein Dies Haupthindernis scheint auch Lotze nicht entgangen zu sein.*) Er giebt den umgestalteten Frei= heitsbegriff wieder auf oder bezeichnet ihn doch als „eine etwas sophistische Auskunft“.**)

Zweiter Abschnitt.

Moralstatistik und Willensfreiheit.

Die Beobachtungen der Entschlüsse einzelner Individuen scheinen nicht so zweideutig zu sein, wie Lotze behauptet. Wie verhält es sich mit den Beobachtungen, die sich über die Handlungsweise ganzer Völker erstrecken? Nach Lotzes Ansicht sprechen die Ergebnisse der Moralstatistik weder für noch gegen die Annahme der Wahlfreiheit. Seine Argumente***) lassen sich wohl am besten folgendermaßen anordnen:

Die Moralstatistik ergiebt nach der einen Darstellung, daß bei gleicher Bevölkerungszahl und innerhalb gleicher Zeiträume die Zahl der Verbrechen konstant bleibt; nach der anderen, daß sich diese Zahl je nach der Lebenslage der Bevölkerung ändert. An= genommen, diese Ergebnisse wären zuverlässig, so würde doch ihre „Deutung zweifelhaft“ sein.

I. Die Zahl der jährlichen Verbrechen sei konstant. Schließt man hieraus auf Unfreiheit der verbrecherischen Willensakte, so

1) wird doch durch diese Voraussetzung der Unfreiheit das Zustandekommen der konstanten Zahl nicht genügend erklärt.†) Denn wählt man als Beispiel die Verbrechen gegen das Eigentum, so ist die Hauptursache der Konstanz ihrer jährlichen Zahl darin zu suchen, daß das Gefühl des Mangels bei der Bevölkerung das

*) Grundz. d. pract. Phil. S. 33.
**) Grundz. d. Rel. Phil. S. 67.
***) Grundz. d. pract. Phil. S. 28. 29; M. III. S. 71 80.
†) M. III. 76.

gleiche geblieben ist. Aber diese Erklärung ist bedenklich, denn von dem Gefühl des Mangels als mechanisch wirkender Kraft sollte man nicht sowohl Gleichheit der Anzahl der Entwendungen, als vielmehr Gleichheit des unredlichen Gesamtgewinns erwarten. Ferner muß angenommen werden, daß die sittliche Bildung des Volkes die gleiche geblieben ist und dem Gefühl des Mangels den gleichen Widerstand entgegengesetzt hat. Schließlich muß die so hergestellte Zahl widerstandsunfähiger Gesinnungen auch die gleiche Zahl von Gelegenheiten zum Diebstahl gefunden haben. Das Letztere ist aber ganz unbegreiflich; denn setzt man die Zahl der Gelegenheiten niedrig an, wie geschah es, daß die konstante Anzahl der Verbrechen auch wirklich voll wurde? Haben sich dagegen die Gelegenheiten in überflüssiger Menge dargeboten, weshalb wurde jene Zahl nicht überschritten? Es ist unwahrscheinlich, daß das Begehren nach fremdem Gut schon durch die bloße Anzahl der Vergehen befriedigt werden sollte, und ein anderer Grund, den Rest der Gelegenheiten nicht zu benutzen, kann nicht angegeben werden.

2) Aber wenn es auch möglich wäre, den ursächlichen Zusammenhang, der die Wiederkehr der gleichen Zahlen vermitteln soll, lückenlos zu konstruiren, so würde derselbe doch damit noch nicht erwiesen sein. Die Wiederkehr der gleichen Zahlen ist ebensowenig ausgeschlossen unter Voraussetzung der Freiheit. Der Begriff der letzteren enthält keinen Grund, weshalb sich die Zahl der verbrecherischen freien Willensakte alljährlich ändern müßte; es ist ebensogut möglich, daß sie die gleiche bleibt. Der Schluß aus der Konstanz auf die Unfreiheit ist deshalb willkürlich.*)

3) Zwingend wäre derselbe nur dann, wenn die konstante Zahl nicht als bloße Thatsache, sondern von vornherein und ganz abgesehen von den Möglichkeiten ihrer Entstehung als Notwendigkeit betrachtet werden müßte. In diesem Falle müßte auch ihren

---

*) Grundzüge d. pract. Phil. S. 28. 29: „Wäre in der That jeder Wille vollkommen bedingungslos frei, so würde jede regelmäßige oder unregelmäßige Äußerung in Thaten ebenso gut möglich und ebenso wenig rätselhaft sein, wie jede andere. Daß man also in den beobachteten Anzahlen ein determinirendes Gesetz vermutet, geschieht schon unter der Voraussetzung, daß alle diese Ereignisse bedingenden Ursachen unterliegen."

Ursachen und als solchen auch den verbrecherischen Willensakten Notwendigkeit zuerkannt werden.*) Diese Notwendigkeit der konstanten Zahl würde man nur aus teleologischen Gründen annehmen dürfen. Es wäre nötig, zu zeigen, daß die konstanten Zahlen der Verbrechen entweder als ein Zweck der Geschichte, oder als Mittel zur Verwirklichung eines solchen, oder wenigstens als unumgänglicher Nebenerfolg eines solchen Mittels angesehen werden müßten. Aber

a) in der „Verwirklichung statistischer Verhältnisse" den „Zweck und die belebende Idee der Geschichte" zu sehen, das wäre eine „Verehrung der Formen statt des Inhalts, der sie rechtfertigt."**)

b) Manche Erscheinungen, die in regelmäßigen Verhältnissen wiederkehren, lassen sich wenigstens als Mittel zur Erreichung göttlicher Zwecke betrachten. Das dauernde Gleichgewicht der beiden Geschlechter gestattet diese Auffassung. Aber welchem Zwecke sollte die Konstanz in den Zahlen der Verbrechen dienstbar sein?***)

c) Man könnte noch meinen, daß diese konstanten Zahlen gleich einer „Reibung, die nicht zu den beabsichtigten Leistungen einer Maschine gehört", „vom Leben und Fortschritt der Gesellschaft unzertrennlich nach einem bestimmten Gesetz von der Bewegungsgröße dieser Gesellschaft abhingen."†) Jedoch als derartigen Nebenerfolg der Weltmaschine würde man höchstens die konstante Summe des Bösen auffassen dürfen, falls eine solche „nach irgend einer Richtung hin von einer bestimmten Gesellschaft in bestimmter Zeit erzeugt" würde. Diese Summe würde sich aber nicht notwendig mit der Zahl der Verbrechen decken, sondern mit den Gesinnungen, welche „das eigentlich Gute oder Böse sind". Deshalb würde die konstante Zahl der Verbrechen nur dann als beständige Nebenwirkung betrachtet werden dürfen, wenn in ihr auch eine konstante Summe von Bosheit zum Ausdruck käme und diese Summe außerdem einen konstanten Bruchteil der in derselben Zeit von derselben Gesellschaft

*) M. III. S. 77. 78, bezüglich auf Quetelet, de l'homme. p. 5.
**) M. III. S. 72, vergl. M. III. S. 615.
***) M. III. S. 73. 74.
†) M. III. S. 74. S. 80.

erzeugten bösen Gesinnungen ausmachte. Aber Beides entzieht sich der Beobachtung. Denn da zu gleichartigen Thaten ganz verschiedene Grade der Güte und Bosheit führen können, so vermag die Statistik nicht nachzuweisen, daß den abgeurteilten Verbrechen des einen Jahres dieselben Grade der Bosheit zu Grunde gelegen haben, wie der gleichen Zahl gleichartiger Verbrechen im Jahr zuvor. Weil wir aber ferner nicht einmal feststellen können, ob die bloße Zahl der ausgeführten Verbrechen zu der bloßen Zahl der Versuchungen ein beständiges Verhältnis bewahrt, so ist erst recht unmöglich der Nachweis eines konstanten Verhältnisses zwischen den Graden der Bosheit der Verbrechen und der Versuchungen.*)

II. Ebenso zweideutig, sagt Lotze zum Schluß, ist die andere Darstellung, nach welcher sich die Zahlen der Verbrechen mit der Lage der Umstände ändern. Die Größe dieser Zahlen hängt nicht nur von der Anzahl der verbrecherischen Entschlüsse ab, sondern auch von der Menge der Gelegenheiten, solche zu fassen und auszuführen. Es bleibt deshalb unentschieden, ob die wechselnde Lebenslage der Bevölkerung auch wirklich auf die Entschlüsse selbst einen Einfluß ausübt, oder nur die Menge jener Gelegenheiten bedingt.**)

Diese vier Argumente haben verschiedenen Wert.

Zu I 3) Vor Allem ist es Lotze nicht gelungen, die Annahme der teleologischen Notwendigkeit der konstanten Anzahl der jährlichen Verbrechen als willkürlich nachzuweisen. Ob wir diese Notwendigkeit anerkennen, leugnen oder dahingestellt sein lassen müssen, hängt gar nicht davon ab, ob wir den Zweck, den jene Zahl erfüllte, auch entdecken, oder das Mittel, als dessen Nebenwirkung sie sich begreifen ließe, auch namhaft machen können. Unsere Unfähigkeit, etwas als Mittel zu begreifen, schließt nicht

---

*) M. III. S. 79. 80. Grundzüge der prakt. Phil. S. 28.

**) Grundz. d. prakt. Phil. S. 28: „Auch die andere Darstellung, nach welcher eben diese Verbrechen keine konstante Zahl haben, sondern mit der Lage der Umstände sich ändern, beweist nicht das Vorhandensein eines Gesetzes, nach welchem die Entscheidungen der Willen erfolgen müßten, sondern zeigt nur, daß die oben vernachlässigte immer vorhandene Summe des Bösen bald mehr, bald weniger Gelegenheit zum Übergang in beobachtbare Thaten findet."

aus, daß es dennoch ein solches ist, und der konsequente Teleolog muß es trotzdem als solches betrachten. Es kommt also vielmehr darauf an, ob wir überhaupt den Weltlauf als Verwirklichung eines göttlichen Planes betrachten müssen. Ist dies der Fall, so können wir nicht umhin, jedes der verübten Verbrechen und mit hin auch jede Zahl derselben, sie sei konstant oder variabel, als teleologisch notwendig anzuerkennen, auch wenn wir ihren Zweck nicht einsehen; denn ein wahrhaft göttlicher Plan muß Alles ohne Ausnahme umfassen.*) Ausgeschlossen sind deshalb jene unbekannten Zwecke oder Mittel nur dann, wenn überhaupt jede teleologische Annahme hinfällig ist. Lotze hätte somit die gesamte teleologische Weltanschauung als willkürlich nachweisen müssen.

Zu I 1) Ferner führt Lotze aus, daß wir den ursächlichen Zusammenhang, durch den angeblich die konstanten Zahlen der Verbrechen entstehen, nicht lückenlos begreifen können. Dies genügt nicht, um die Willkür des Schlusses auf Unfreiheit darzuthun, denn dieser wäre dennoch notwendig, wenn der Begriff der Freiheit das Zustandekommen konstanter Zahlen ausschlösse. Es muß also nachgewiesen werden, daß er dasselbe nicht ausschließt. Ist dies aber nachgewiesen, so ist jener Schluß willkürlich auch dann, wenn wir wirklich imstande sind, die Entstehung der konstanten Zahlen ursächlich zu erklären. Der Hinweis auf unsere Unfähigkeit, dies zu leisten, ist also überflüssig. Das unter I 1) Angeführte enthält demnach kein Argument, sondern nur einen Hinweis auf die Schwierigkeiten der Frage. Auch will Lotze selbst damit offenbar nur vor übereilten Schlüssen warnen.**) Wirklich wertvoll sind nur die Argumente unter I 2) und II, aber beide bedürfen der genaueren Ausführung und der Ergänzung.

Zu I 2) Muß man aus der Konstanz der Zahlen der Verbrechen auf Unfreiheit schließen? Die beobachtete Konstanz würde

---

* S. u. d. 2. Abschnitt des 2. Teils dieser Abhandlung.

**) Die Ausführlichkeit der Darstellung unter I 1, sowie unter I 3, a, b, c wird durch die Schwierigkeiten gerechtfertigt, welche Lotzes bezügliche Ausführungen dem Verständnis bereiten, und durch die wertvollen Finger zeige, die sie enthalten.

darin bestehen, daß die Zahlen der innerhalb gleicher Zeiträume in demselben Staate abgeurteilten Verbrechen stets den gleichen Bruch= teil der jedesmaligen Bevölkerungszahl bildeten. Wollte man hier= aus auf Unfreiheit schließen, so könnte dies nicht unmittelbar ge= schehen, sondern jedenfalls erst unter der Voraussetzung, daß auch das Verhältnis der verbrecherischen Willensakte zu den Versuchungen konstant wäre.

Aber diese Voraussetzung würde willkürlich sein. Wählen wir, wie Lotze, als Beispiel die Verbrechen gegen das Eigentum, so haben wir α) die abgeurteilten als einen Bruchteil der zur An= zeige gelangten, β) diese als Bruchteil der begangenen, γ) diese als Bruchteil der beschlossenen, von denen der Rest fehlgeschlagen, δ) die beschlossenen als Bruchteil der Versuchungen d. h. Reigungen zum Stehlen, ε) diese als Bruchteil der Gelegenheiten*) zum Dieb= stahl, ζ) die Gelegenheiten als ächten oder unächten Bruchteil der Bevölkerungszahl zu betrachten

Von diesen 6 Verhältnissen läßt sich nur das erste statistisch feststellen, und außerdem ist das Verhältnis der abgeurteilten Ver= brechen zur Bevölkerungszahl bekannt. Nehmen wir demnach als beobachtet an, daß in Preußen im Jahre n die Summe der abgeurt. Diebstähle $= \dfrac{1}{a}$ der zur Anzeige gelangten,

$\qquad$ „ $\qquad$ „ $\qquad$ „ $\quad= \dfrac{1}{b}$ der Bevölkerungszahl,

folglich die Summe der angezeigten $= \dfrac{a}{b}$ der Bevölkerungszahl ge= wesen sei, so ist nach dem Obigen dies bekannte Verhältnis $\dfrac{a}{b}$ das mathematische Produkt folgender unbekannter Verhältnisse:

β) die Summe der angezeigten Diebst. $= \dfrac{1}{x}$ der verübten Diebstähle

γ) $\quad$ „ $\quad$ verübten $\quad$ „ $\quad = \dfrac{1}{y}$ „ beschlossenen „

δ) $\quad$ „ $\quad$ beschlossenen „ $\quad = \dfrac{1}{z}$ „ Versuchungen

---

*) Unter „Gelegenheiten" zum Diebstahl verstehe ich nicht die thatsäch= lich vorhandenen, sondern nur diejenigen unter diesen, welche auch als solche bemerkt werden. Von diesen letzteren erwecken die einen Versuchungen; die anderen lassen diejenigen, von denen sie bemerkt werden, unberührt, indem sie zwar den Gedanken an die Möglichkeit des Stehlens, aber nicht die Rei= gung dazu wachrufen.

ε) die Summe der Versuchungen $= \frac{1}{v}$ „ Gelegenheiten

ζ) „ Gelegenheiten $= \frac{a}{b}$ xyzv der Bevölkerungs=

zahl. Deshalb läßt die Wiederkehr des Produktes $\frac{a}{b}$ in den Jahren
(n + 1), (n + 2)... jedesmal folgende Klassen von Möglichkeiten
zu: 1) Entweder die mit β, γ. δ, ε. ζ bezeichneten 5 Verhältniße
sind sämtlich konstant geblieben, oder 2) drei von ihnen sind kon=
stant geblieben, und die Veränderungen der zwei übrigen haben
sich derartig ergänzt, daß ihr Produkt das gleiche geblieben ist,
oder 3) zwei sind konstant geblieben und drei haben sich ergänzt,
oder 4) eines ist konstant geblieben und 4 haben sich ergänzt, oder
5) alle 5 haben sich verändert und zu dem konstanten Produkt $\frac{a}{b}$
ergänzt.*)

Dieser Möglichkeiten sind 27. Unter ihnen befinden sich aber nur
12 Möglichkeiten, in welchen das Verhältnis der beschlossenen Diebstähle zu den Versuchungen (δ) konstant sein würde. Gesetzt nun,
das Verhältnis $\frac{a}{b}$ sei m Jahre hintereinander wiedergekehrt, so
kann die Annahme, daß auch das Verhältnis δ diese m Jahre hin-
durch konstant geblieben sei, nicht auf Gewißheit, sondern höchstens
auf einige Wahrscheinlichkeit Anspruch machen.**)

*) β, γ. δ, ε. ζ konstant
β, γ. δ „ und das Produkt ε. ζ konstant
β. γ. ε „ „ „ „ δ. ζ „ u. s. w.

**) Setzt man vorläufig voraus, die 27 Möglichkeiten seien gleich wahr-
scheinlich, so scheint es zunächst, als sei bei m jähriger Konstanz des Verhältnisses $\frac{a}{b}$ die Wahrscheinlichkeit der m jährigen Konstanz des Verhältnisses
δ nur $\left(\frac{12}{27}\right)^m$ $\left(\frac{4}{9}\right)^m$. Hiergegen wird aber eingewendet, die Wahrscheinlichkeit der m jährigen Konstanz vom δ betrage nicht $\left(\frac{4}{9}\right)^m$, sondern
$\frac{4}{9}$, denn $\frac{4}{9}$ sei der Wahrscheinlichkeitswert für die Konstanz von $\frac{1}{z}$, nicht für
$\frac{1}{z}$ überhaupt. Die weitere Verminderung $\left(\frac{4}{9}\right)^m$ falle hinweg, da für mehr
als 2 Jahre auch für die übrigen Werte die gleiche Verminderung eintreten
würde. Es sei also gleichgültig, ob man Konstanz für 2 Jahre oder für
beliebig viele Jahre verlange. Ich wage hierüber nicht zu entscheiden.

Nun würde die Wahrscheinlichkeit für die Konstanz jedes der
5 Verhältnisse zunehmen, wenn sich zeigen ließe, daß die 26 Mög=
lichkeiten der Kompensation nicht gleich wahrscheinlich wären. Aller=
dings wird sich schwerlich für jeden der 26 Fälle immer ein Grund
angeben lassen, weshalb eine Umgestaltung des einen der Verhält=
nisse von einer kompensirenden Veränderung eines anderen oder
mehrerer anderer begleitet sein sollte; aber unsere Unkenntniß der
Ursachen beweist noch nicht, daß diese fehlen. Indeß auch abgesehen
davon würde die Konstanz des mit δ bezeichneten Verhältnisses
nur einige Wahrscheinlichkeit besitzen, denn bloß ein Teil der Kompen=
sationen ist unerklärlich, nicht alle 26.

Man könnte versucht sein, aus der hier angenommenen Kom=
pensationsfähigkeit des Verhältnisses der beschlossenen Diebstähle zu
den Versuchungen (δ) auf Unfreiheit der diebischen Willensakte zu
schließen, denn es scheint allerdings, als ob die Veränderungen
dieses Verhältnisses sich nur dann mit denen der übrigen aus=
nahmslos kompensiren könnten, wenn ein ursächlicher Zusammen=
hang sie verknüpfte. Aber dieser kann derartig sein, daß die Änderung
des Verhältnisse δ nicht verursacht wird, sondern selbst die Ursache
der ausgleichenden Umgestaltung eines andern Verhältnisses ist,
und als solcher thut er der Freiheit keinen Abbruch. So würde
z. B. durch die Zunahme der diebischen Entschlüsse und somit der
Diebstähle die Furcht, bestohlen zu werden, verstärkt werden. Da=
durch würde aber sowohl die Zahl der Gelegenheiten zum Stehlen
vermindert, als auch die Menge der fehlgeschlagenen Versuche, zu
stehlen, vermehrt werden.

Die Voraussetzung der Konstanz von δ ist demnach willkürlich.
Aber der Schluß aus dieser Konstanz auf die Unfreiheit würde
nach Lotzes Ansicht a u c h d a n n w i l l k ü r l i c h s e i n, w e n n s e i n e
V o r a u s s e t z u n g g e w i ß w ä r e. Angenommen, alljährlich seien
die Willensakte, die den Diebstahl verwerfen, (z -1) mal so häufig,
als die Entschlüsse, zu stehlen. Dann scheint es, als ob die Zahlen

Sicher ist, daß es eine gewisse Wahrscheinlichkeit für die m jährige Konstanz
von δ giebt, aber es dürfte zweifelhaft sein, ob sich der Grad dieser Wahr=
scheinlichkeit überhaupt mathematisch bestimmen läßt.

einer Art von Ereignissen nur dann in beharrlichem Verhältnis zu denen einer andern anwachsen oder abnehmen könnten, wenn zwei Arten von Ursachen, die ein für allemal in demselben Zahlenverhältnis zu einander ständen, dessen Erhaltung durch proportionales Wirken sicherten.

Logisch notwendig ist diese Erklärung jedoch nicht, denn es kann nicht nachgewiesen werden, weshalb die Wiederkehr eines beständigen Zahlenverhältnisses nicht auch zwischen zwei Arten von unverursachten Ereignissen möglich sein sollte.*) Trotzdem ist die Frage, ob hier Lotze nicht allzustarr an bloßen logischen Möglichkeiten gegenüber dem natürlichen Menschenverstand festhält, der nicht nur durch Möglichkeiten, sondern durch ein meist richtiges Gefühl für Wahrscheinlichkeiten bestimmt wird. Von den Hypothesen, welche zur Erklärung eines Thatbestandes aufgestellt werden können, ist diejenige die beste, aus welcher berechnet die Wahrscheinlichkeit des zu erklärenden Thatbestandes am größten ist. Die Wahrscheinlichkeit der Konstanz von ð ist aber weit größer, wenn das proportionale Wirken von Ursachen diese Konstanz begünstigt, als wenn alle Ursachen fehlen, denn im letzteren Falle kann anstatt des Verhältnisses (z- -1):1 mit gleichem Rechte irgend ein beliebiges von unzähligen anderen Verhältnissen**) oder auch gar keines erwartet werden.

Lotze würde es vermutlich für unstatthaft erklären, die Wahrscheinlichkeitsrechnung auf ursachlose Ereignisse anzuwenden. Für die Anwendung der Wahrscheinlichkeitsrechnung, sagt er, genügt es nicht, daß die disjungirten Fälle bloß denkbar sind, es müssen auch die Bedingungen vorhanden sein, welche „die Notwendigkeit der Verwirklichung eines der disjungirten Fälle mit Ausschluß der andern begründen. Es muß immer eine Gewißheit = 1 geben, welche die

---

*) Da der Eintritt von unverursachten Ereignissen überhaupt unbegreiflich sein würde, so ließe sich freilich kein Grund angeben, weshalb die eine Art derselben regelmäßig (z—1) mal so häufig sein müßte, als die andere; aber dieselbe Unerklärbarkeit versagt uns auch jeden Grund, weshalb dies Verhältnis nicht eingehalten werden könnte.

**) Dieser Verhältnisse würde es nicht etwa unendlich viele, sondern nur unzählig viele geben, denn die Zahl der jährlich auf Erden gefaßten Entschlüsse ist eine endliche, und deshalb ist auch die Zahl der Verhältnisse, die zwischen den Zahlen der verbrecherischen und denen der nichtverbrecherischen Entschlüsse denkbar sind, eine endliche.

Summe aller Wahrscheinlichkeiten der denkbaren Einzelfälle ist." Er erklärt es deshalb für ein „bedeutungsloses Spiel des Witzes", zu behaupten, bevor irgend etwas sei, habe es gleiche Wahrscheinlich=keit, daß überhaupt etwas sein werde, und, daß gar nichts sein werde, denn fehle wirklich jede Bedingung, so werde es bei dem Nichts sein Bewenden haben.*)

Aber zunächst unterscheidet sich dies Beispiel von unserem Falle durch die Voraussetzung, daß Nichts ohne vorhergehende Bedingung existiren könne, während die freien Entschlüsse gerade nach Lotze trotz des Mangels jeder Bedingung eintreten können, also nicht nur die eine Möglichkeit des Nichteintritts, sondern auch die andere des Eintritts enthalten. Was ferner die von Lotze aufgestellte Regel betrifft, so ist für die Anwendung der Wahrscheinlichkeits=rechnung auf unseren Fall allerdings erforderlich die Gewißheit = 1, daß entweder irgend eines von unzählig vielen Verhältnissen zwischen den Zahlen der verbrecherischen und denen der nichtver=brecherischen Willensakte oder gar keines eintreten wird. Aber worauf beruht diese Gewißheit? Was berechtigt uns zu der Er=wartung, daß notwendig einer dieser Fälle eintreten wird, wenn wir zugleich voraussetzen, daß wegen Abwesenheit aller Bedingungen keiner von ihnen zum Eintreten gezwungen ist? Dieser Widerspruch ist vermieden dadurch, daß unter die disjungirten Fälle auch die Möglichkeit des Nichteintritts aufgenommen ist; denn damit ist aus=gedrückt, daß wir ungewiß sind, ob eines der Verhältnisse eintreten wird. Aber dürfen wir diese Ungewißheit auch in die Form des disjunktiven Urteils kleiden, welches wir der Wahrscheinlichkeits=rechnung zu Grunde legen müssen? Dürfen wir gewiß sein, daß ein freier Entschluß A entweder eintreten oder nicht eintreten wird, obwohl der Mangel an Bedingungen weder das eine noch das andere notwendig macht? Vorhandener Bedingungen bedarf unsere Gewißheit nur da, wo unser disjunktives Urteil n i c h t a l l e denkbaren Fälle in sich schließt. Die Sicherheit, mit welcher wir erwarten, daß eine zu Boden geworfene Münze entweder Kopf oder Wappen und nicht anstatt deren irgend etwas drittes oder viertes zeigen

*) Lotze, Logik. S. 430 f.

wird, setzt voraus die Kenntnis einer begrenzten Anzahl von Um=
ständen, deren einer zur Ursache werden muß. Anders verhält es
sich in unserem Falle. Der kontradiktorische Gegensatz, den unser
Urteil enthält, erschöpft alle in Betracht kommenden denkbaren
Möglichkeiten, und der Mangel zwingender Bedingungen kann des=
halb an unserer Gewißheit nichts ändern. Wenn wirklich die Gewiß=
heit, daß ein Ereignis A entweder eintreten wird oder nicht, außer
der Evidenz der Vollzähligkeit der möglichen Fälle noch der Vor=
aussetzung bedürfte, daß die Ursachen dieses Ereignisses entweder
vorhanden wären oder nicht, und daß bei deren Vorhandensein
sein Eintritt, bei ihrem Mangel sein Nichteintritt notwendig wäre,
so würden wir auch von einem als ursächlich bedingt angenommenen
Faktum nicht gewiß sein dürfen, daß es entweder geschehen oder
unterbleiben würde. Würde doch jene Voraussetzung selbst wieder
die Gewißheit voraussetzen, daß das Urteil „die Ursachen sind ent=
weder oder sie sind nicht" alle Möglichkeiten enthielte und nicht
irgend einen unausdenkbaren Fall übrig ließe. Die Gewißheit,
daß ein Ereignis A entweder eintreten wird oder nicht, besteht
also auch hinsichtlich der freien Willensakte. Wer ihre Ursachlosig=
keit damit unvereinbar findet, der lasse vielmehr die Annahme der
letzteren fallen; jene Gewißheit kann er nicht erschüttern.

Die Anwendung der Wahrscheinlichkeitsrechnung auf ursachlose Ereignisse ist demnach berechtigt, und die indeterministische
Erklärung der Konstanz des Verhältnisses ϑ ist äußerst unwahr=
scheinlich. Wenn trotzdem nach dem Bisherigen die Moralstatistik
nichts gegen die Annahme der Willensfreiheit beweist, so liegt dies
nicht, wie Lotze meint, an der Zweideutigkeit, sondern an der
Unnachweisbarkeit der vorausgesetzten Konstanz von ϑ.

Zu II: Die Beobachtung, daß das Verhältnis der Zahlen der
Verbrechen zur Bevölkerungszahl sich mit der Lage der äußeren Umstände
ändert, ist nach Lotze ebenso zweideutig, wie die Konstanz dieses Ver=
hältnisses. Lotzes Begründung ließe sich etwa folgendermaßen erweitern:

„Die Zahl der zur Anzeige gelangten Diebstähle pflegt nach
Mißernten anzuwachsen. Soll hieraus die ursächliche Bedingtheit
der diebischen Entschlüsse gefolgert werden, so muß mindestens noch

dies gezeigt werden, daß nach Mißernten die beschlossenen Dieb=stähle einen größeren Bruchteil der Versuchungen bilden als sonst. Erst damit würde festgestellt sein, daß, so oft infolge von Teuerung die Neigungen zum Stehlen stärker geworden wären, auch ein größerer Teil derselben in Entschlüsse überginge, als ohne diese Verstärkung der Fall zu sein pflegte; und nun erst könnte man daran denken, auf Abhängigkeit der Willensakte von der Stärke der Motive zu schließen. Aber derartige Veränderungen des Ver=hältnisses d lassen sich aus den Veränderungen der Zahl der an=gezeigten Diebstähle nicht zwingend nachweisen. Durch Mißernten werden die Versuchungen nicht nur verstärkt, sondern auch an Zahl vermehrt, indem viele Gelegenheiten, die sonst mit Gleichgül=tigkeit bemerkt werden würden, das Verlangen nach fremdem Eigentum erwecken. Deshalb kann man die Zunahme der zur Anzeige gelangten Diebstähle auch aus der bloßen Vermehrung der Versuchungen erklären, ohne daß es nötig wäre, auch eine relative Zunahme der diebischen Entschlüsse anzunehmen.*) Wenn das sonst beobachtete Verhältnis $\frac{a}{b}$ in teueren Zeiten sich in $\frac{ca}{b}$ verwandelt, so sind wir nicht gezwungen, den neuen Faktor c auf die Faktoren $\frac{1}{v}$ und $\frac{1}{z}$ in der Weise zu verteilen, daß jeder der beiden Teilfaktoren von c größer als 1 angenommen wird. Das Produkt $\frac{ca}{b}$ kommt auch dann zu Stande, wenn der dem Faktor $\frac{1}{z}$ zugewiesene Teilfaktor von c kleiner als 1, und der dem Faktor $\frac{1}{v}$ zugewiesene desto größer ist. Durch die Vermehrung der angezeigten Diebstähle wird also nicht einmal die relative Abnahme der beschlossenen Diebstähle aus=geschlossen, geschweige denn ihre relative Zunahme erwiesen."

*) Dieser Gedanke schwebt Quetelet vor, wenn er sagt (Sur la statistique morale S. 37 in den Mém. de l'académie r. de Belgique. T. XXI): „Si je m'avisais de faire dépaver la rue devant ma porte, et si l'on venait me dire le lendemain que plusieurs personnes, en tombant, se sont blessées pendant la nuit . . . . . . n'aurais-je pas mauvaise grace de prétendre ensuite, que je ne suis point cause du mal, que chacun était libre d'aller comme il l'entendait et que ceux qui sont tombés auraient dû se faire éclairer? Eh bien! Une grande partie des chutes morales . . . . . ont la même origine; on ne saurait donc trop s'attacher à écarter les occasions qui les font naître."

„Denselben Ausweg", könnte der Indeterminist fortfahren, „läßt die Beobachtung offen, daß die Zahl der Verbrechen in einem bestimmten Lebensalter ihr Maximum erreicht und von da an wieder abnimmt; und daß ferner sowohl die Größe dieses Maximums, als auch das Lebensalter, in welchem es erreicht wird, verschieden ist je nach der Art der Verbrechen, nach Land, Geschlecht, Stand u. s. w.*) Daß z. B. gewaltsame Verbrechen gegen Personen häufiger verübt werden in den Jahren jugendlicher Kraft und Leidenschaft, als in den Tagen der Kindheit und des Alters, das kann man ebenso gut erklären aus der größeren Menge der Versuchungen, denen infolge größerer Leidenschaftlichkeit und erhöhter Aussicht auf Erfolg — durch welche der Wunsch erst zum Motiv wird — die Jugend ausgesetzt ist, wie aus der größeren Stärke ihrer Ver= suchungen. Schwankungen und gleichzeitige Unterschiede in den beobachteten Zahlen bestimmter Verbrechen finden demnach ihre Erklärung in Schwankungen und Unterschieden der Lebensbedingungen nicht minder unter Voraussetzung der Freiheit des Willens, als auf Grund der Annahme seiner ursächlichen Bedingtheit."

Diese Argumentation würde sich anfechten lassen. Gesetzt zunächst, auf Bedingtheit der Willensakte könnte wirklich nur aus denjenigen Veränderungen geschlossen werden, welche das Verhältnis der ver= brecherischen Entschlüsse zu den Versuchungen (d) erleidet, wie erklärt der Indeterminist die Beobachtung, daß nach Verschärfungen des Strafgesetzes die Zahl der Diebstähle abnimmt? Um der Annahme zu entgehen, daß die diebischen Entschlüsse im Verhältnis zu den Versuchungen abnehmen, wird er vielleicht eine Abnahme in der Zahl der Versuchungen behaupten und sagen, die Furcht vor der verschärften Strafe ersticke in vielen Fällen das Begehren nach fremdem Gute schon im Keime und verhüte so viele Versuchungen von vorn herein. Aber diese Erklärung ist vielmehr eine Deter-

---

*) Nach diesem Schema stellt die Zahlen der Verbrechen zusammen Quetelet, a. a. O. p. 40. Die Ausnahmestellung des Selbstmordes, dessen Wahrscheinlichkeit nach Quetelet mit zunehmendem Alter bis zuletzt zunimmt, ohne schon vorher ein Maximum zu erreichen, würde sich ebenfalls aus dem Anwachsen der Menge der Versuchungen erklären lassen.

ministische, denn jene angebliche Verhinderung der Versuchung ist in Wahrheit eine Verhütung des verbrecherischen Entschlusses durch die Übermacht der Furcht. Es bliebe noch übrig, die Abnahme der angezeigten Verbrechen, anstatt aus Veränderungen des Verhältnisses d, vielmehr daraus zu erklären, daß die Zahl der Gelegenheiten zu Versuchungen oder die Zahl der Möglichkeiten, diebische Entschlüsse auszuführen, abgenommen hätte. Diese Annahme läßt sich nicht widerlegen, denn es ist nicht ausgeschlossen, daß jeder Verschärfung des Strafgesetzes eine größere Vorsicht gegen Diebe nicht nur zu Grunde liegt, sondern auch dauernd zur Seite geht.

Aber bedürfen wir, um auf Unfreiheit schließen zu können, auch wirklich solcher Veränderungen, welche die Zahl der beschlossenen Diebstähle im Verhältnis zu der Zahl der Versuchungen erleidet? Würde es nicht schon ausreichen, wenn die beschlossenen Diebstähle im Verhältnis zur Bevölkerungszahl anwüchsen oder abnähmen? Angenommen, nach Mißernten bildeten die beschlossenen Diebstähle in der That einen kleineren oder den gleichen Bruchteil der Versuchungen, wie in billigen Zeiten, so würde sich die Zunahme der angezeigten Diebstähle (das Anwachsen des Bruches $\frac{a}{b}$ auf $\frac{\cdot a}{b}$) doch schwerlich anders erklären lassen, als dadurch), daß die Zahl der beschlossenen Diebstähle, obwohl im Verhältnis zur Zahl der Versuchungen geringer als früher, dennoch absolut, d. h. im Verhältnis zur Bevölkerungszahl, angewachsen wäre. Die Regelmäßigkeit dieser absoluten Zunahme der diebischen Entschlüsse genügt aber, um die Annahme ihrer Freiheit zu erschüttern, denn von ursachlosen Willensakten kann man mit gleichem Rechte auch eine absolute Abnahme erwarten. Die Kraft dieses Wahrscheinlichkeitsbeweises wird freilich noch vermindert, denn es läßt sich nicht nachweisen, daß an Stelle der absoluten Zunahme der beschlossenen Diebstähle nicht vielmehr die Möglichkeiten der Ausführung oder die gemachten Anzeigen verübter Entwendungen nach Mißernten regelmäßig zunehmen. Die Schwierigkeit, diese Zunahme zu begreifen, macht dieselbe zwar unwahrscheinlich, schließt sie aber nicht aus.

Fassen wir die Ergebnisse des ersten Teils unserer Abhandlung noch einmal zusammen.

Die Moralstatistik an sich, d h. abgesehen von den Resultaten der Beobachtung Einzelner, kann die Annahme der Willensfreiheit nicht widerlegen, höchstens erschüttern. Die Konstanz in den Zahlen der angezeigten Verbrechen würde freilich gar nichts beweisen. Aber thatsächlich beobachten wir ja statt ihrer vielmehr eine Zu= oder Abnahme der Verbrechen je nach der Lebenslage der Be= völkerung, und diese Wahrnehmung macht die Bedingtheit der ver- brecherischen Willensakte wenigstens wahrscheinlich.

Aber weist denn die individuelle Psychologie die Notwendigkeit der Willensakte unzweideutig nach? Allerdings zeigt sie, daß zwischen den Wahlergebnissen und den jedesmaligen Motiven dasjenige Ver= hältnis besteht, bei dessen Wahrnehmung wir sonst einen ursächlichen Zusammenhang voraussetzen. Auf gleiche Motive folgen gleiche Ent= schlüsse. Zwingend indeß ist die Notwendigkeit des Wahlergebnisses damit noch nicht nachgewiesen. Auch der Begriff der Ursachlosigkeit ge= stattet, wenn wir streng bloß auf die logische Möglichkeit sehen, die Annahme regelmäßiger Successionen, denn es ist kein Grund vor= handen, weshalb ein unverursachtes und deshalb unerklärbares Ereignis irgendwann und irgendwo nicht eintreten könnte; die Unerklärbarkeit selbst aber berechtigt nicht, das Dasein desjenigen zu leugnen, dem sie zukommen würde, falls es existirte.*) Die Frage nach der Freiheit würde deshalb nur dann psychologisch ent- schieden sein, wenn wir die Notwendigkeit unserer Entschlüsse unmittelbar erlebten. Aber die innere Wahrnehmung offenbart nur die logische Notwendigkeit unserer Schlüsse, **) nicht die ursäch= liche unserer Entschließungen.

Jedoch immerhin wird es unleugbar bleiben, daß sich die Notwendigkeit wenigstens mit außerordentlich großer Wahrscheinlich= keit aus der Regelmäßigkeit erschließen läßt.

---

*) Grundz. d. Relig. Phil. S. 66: Nimmt man an der „Unbegreiflich keit Anstoß, so mag man sich erinnern, daß der Vorgang des kausalen Wirkens nicht minder dunkel ist. Ähnlich Mtr. I, S. 285.

**) Selbst von unsern Willensakten und deren Folgen lehrt die innere Wahrnehmung nicht nur nicht, wie, sondern nicht einmal, daß sie notwendig zusammenhängen.

Zweiter Teil.

Verträgt sich die Annahme der menschlichen Wahlfreiheit mit Lotzes sonstiger Weltanschauung?

Erster Abschnitt.

„Mechanismus" und menschliche Wahlfreiheit.

Ein Grundpfeiler im Bau des Lotze'schen Systems ist die Lehre von der ausnahmslosen Herrschaft des Mechanismus.*) Man pflegt darunter den Satz zu verstehen, daß Alles seine Ursache habe, und so drängt sich zunächst die verwunderte Frage auf, wie ein Vertreter des Kausalitätsgesetzes überhaupt von Freiheit reden könne; denn Kants Versuch, Freiheit und Kausalität auf Kosten der ersteren zu versöhnen, weist ja Lotze, wie wir oben gesehen haben, entschieden zurück. Trotzdem darf uns die Art, wie Lotze beide Annahmen mit einander zu vereinigen sucht, nicht überraschen. Wer, wie Lotze, eine Beschränkung des Freiheitsbegriffs unerträglich findet und dennoch eine Vereinbarung desselben mit dem Kausalitäts= prinzip anstrebt, dem steht immer noch die andere Möglichkeit offen, vielmehr dem Kausalitätsgesetz ein engeres Gebiet anzuweisen, auf dem es dann unbeschränkt herrschen kann, ohne mit der Freiheit zu kollidiren, oder es umzudeuten. Und diesen Weg schlägt Lotze ein. Er sucht den Satz, daß Alles seine Ursache habe, umzustoßen und ersetzt ihn durch den andern, daß Alles seine Wirkung habe. Er erklärt es für eine Willkür, alles Geschehen als Wirkung, für geboten dagegen, alle Dinge als Ursachen zu be= trachten.*)

Allerdings verliert so der Mechanismus seine ausnahmslose Gültigkeit hinsichtlich des Zustandekommens der Thatsachen, aber er bewahrt seine Herrschaft über die Wirkungsweisen aller Dinge, nachdem sie entstanden sind. So sind auch die freien Entschlüsse nur ihrer Entstehung nach frei, sobald sie dagegen wirksam werden, sind auch sie der Herrschaft des Mechanismus unterworfen; sie

---

*) M. I. Vorrede S. XV, u. a. m.
**) M. I, S. 284, 285. Das berühmte Gleichnis vom Wasserwirbel.

können nur insoweit umgestaltend in den Weltlauf eingreifen, als ihre eigene Natur und die der Dinge, deren Veränderung sie bezwecken, es ihnen gestattet. Weit entfernt also, durch die Freiheit verdrängt zu werden, ist der Mechanismus vielmehr die notwendige Voraussetzung derselben. Denn nur dann hat die Freiheit einen Wert und eine Bedeutung, wenn der freie Wille seine Ziele nicht nur zu wollen, sondern auch zu erreichen imstande ist; dies würde aber unmöglich sein, wenn an den Willensakt a nicht immer nur die eine Folge *a*. sondern bald *a*, bald *β* oder *γ* sich anschlösse.*)

Ist nun die Umstoßung des Kausalitätsprinzips auch begründet?

Lotze erklärt zunächst, der Satz, daß Alles seine Ursache habe, gelte nicht von Allem schlechthin, denn das Sein an sich und die gültigen Wahrheiten seien nicht verursacht.**) Mit Recht beschränkt er hiermit die Anwendung des Kausalitätsgesetzes auf die Thatsachen.***) Aber auch in dieser Beschränkung hält er dasselbe für anfechtbar. Mit der Evidenz einer angeborenen Wahrheit, meint er, tritt es nicht auf, denn wir dürfen es nicht auf alle Ereignisse ohne Bedenken anwenden. Wir haben eine Ausnahme zu konstatiren, indem wir dem unendlichen Regresse, zu dessen Anerkennung die ausnahmslose Gültigkeit des Kausalitätsgesetzes zwingen würde, die entgegengesetzte Annahme eines unverursachten Weltanfangs vorziehen müssen. Hierzu nötigt uns die Unmöglichkeit, unter Voraussetzung des unendlichen Regresses die gegebene Welt zu begreifen. Beispielsweise können die Naturwissenschaften das Bestehende nur dann erklären, wenn sie Elemente annehmen, die ursachlos immer gewesen sind, und Bewegungen derselben, welche aus dem Zustand der Ruhe nicht hervorgegangen sein können und deshalb von jeher Bewegungen gewesen sein müssen. Diese eine Ausnahme genügt aber, um das Kausalitätsgesetz seiner Evidenz zu berauben, und eröffnet die Möglichkeit, daß auch andere Ausnahmen stattfinden. Es sind deshalb auch innerhalb des Weltlaufs neue Anfänge nicht a priori ausge

---

*) Grundz. der prakt. Phil. S. 30, 31.
**) Grundz. d. Metaphysit 1883. S. 34.
***) Metaphysik von 1879. S. 105, M. III. 579.

schloffen;*) erft die Erfahrung kann entscheiden, ob eine Art von Ereignissen verursacht ist oder nicht. Aber auch die Erfahrung muß, wie wir gesehen haben, nach Lotzes Ansicht die Möglichkeit neuer Anfänge zugestehen. Lotze erklärt deshalb den Satz, daß Alles seine Ursache habe, für willkürlich.

Daß eine Wahrheit keine unmittelbare Evidenz besitzt, sobald sie auch nur in einem ihrer Anwendungsfälle dem Zweifel Zutritt gestattet, müssen wir Lotze zugestehen. Ebenso ist anzuerkennen, daß wir allerdings Bedenken tragen, mit der Durchführung des Kausalitätsgesetzes wirklich Ernst zu machen und uns rückhaltlos für den unendlichen Regreß zu entscheiden. Nur dürfte der Grund dieses Bedenkens nicht der sein, den Lotze an= giebt. Es ist nicht abzusehen, weshalb unter Voraussetzung des unendlichen Regresses die Erklärung der Welt, wie sie nun einmal ist, unmöglich sein sollte. Dazu, daß man irgendwelche Zustände der Welt als Folgen früherer Zustände derselben begreife, genügt es, sich diese früheren Zustände als zureichende Ursachen alles dessen zu denken, was man aus ihnen ableitet; vollkommen gleichgültig ist es dagegen für die Erklärung der späteren Weltlage, ob deren Ursachen selbst wieder als Wirkungen anderer betrachtet werden, oder nicht. Dies gilt auch von der naturwissenschaftlichen Welterklärung. Dieselbe bedarf nach atomistischer Lehre allerdings der Annahme von Elementen, vertreten durch eine Menge qualitativ verschiedener **) Atome, aber sie bedarf nicht der weiteren Voraussetzung, daß diese Atome unver= ursacht vorhanden sind. Es würde an der Erklärung der gegebenen Welt nichts ändern, wenn wir die sogenannten Atome selbst wieder als zusammengesetzte Größen betrachteten, entstanden in einem

---

*) Grundz. d. praft. Philoj. S. 29.
**) M. 1. S. 37 begründet Lotze die Notwendigkeit der Annahme der qualitativen Verschiedenheit der Atome, bezw. ihrer Bestandteile. Wären die Bestandteile aller Atome gleichartig, so ließe sich kein Grund finden, „warum es keiner der im Naturlauf entstehenden Kräfte gelingen sollte, die Verbindungs= weise jener Teilchen in einem Atome zu stören und sie in die andere Form der Verknüpfung überzuführen, in der sie" in einem andern Atom sich befinden, „und die ebendeshalb, weil sie sich hier verwirklicht findet, der Natur jener Teilchen nicht an sich zuwider sein kann."

früheren Weltalter infolge der Wahlverwandtschaften kleinerer qualitativ verschiedener Atome. Ebenso unwesentlich für die Ab= leitung der gegebenen Natur ist die andere Frage, ob die Be= wegungen der Atome und damit die aus diesen zusammengesetzten Gebilde einmal aus ersten und unverursachten Bewegungen ent standen, oder die angeblich ersten Bewegungen selbst wieder Wirkungen früherer Bewegungen sind. Mit Recht sagt Lotze, daß sich Be= wegung nicht aus Ruhe ableiten läßt, sondern immer wieder Be= wegung voraussetzt, aber damit ist die Möglichkeit des unendlichen Regresses nicht zurückgewiesen, sondern vielmehr ein Regreß von Bewegungen behauptet. Lotze hätte nachweisen müssen, daß es notwendig wäre, solche Bewegungen anzuerkennen, die nicht nur nicht aus Zuständen der Ruhe, sondern auch nicht aus Bewegungen entsprungen wären.

Die hier besprochene Stellung Lotzes zur Annahme des unend= lichen Regresses ist überhaupt nur eine Folge des Eifers, mit dem er die Willensfreiheit verteidigt. Wo es ihm bloß um die Natur= erklärung zu thun ist, da unterläßt er jeden Angriff gegen die Möglichkeit des unendlichen Regresses, oder er nimmt sie gar in Schutz.

Den Atomen, wie sie die Naturwissenschaft annimmt, spricht er die Einfachheit ab. Er erinnert an die unendliche Teilbarkeit des Raumes und macht darauf aufmerksam, daß man sich deshalb das ausgedehnte Atom als ein System ausgedehnter Teile denken und jeden der letzteren wiederum als ein solches System betrachten müsse.*) Ferner bestehe die Einfachheit eines Dinges in der Ein. heitlichkeit seines Wirkens und Leidens. Ein wahrhaft einfaches ausgedehntes Atom müßte deshalb von jeder äußeren Einwirkung an allen seinen Punkten zugleich und mit gleicher Stärke betroffen werden ohne Rücksicht auf die verschiedene Entfernung dieser Punkte vom Ausgangspunkte der Einwirkung. Statt dessen lehre die Naturwissenschaft, daß jeder Punkt des Atoms den empfangenen Eindruck erst an die Nachbarpunkte weitergebe und zwar mit ge

*) Metaphys. von 1879. S. 369.

42

ringerer Stärke, als er ihn empfangen habe.*) Atome aber, die nicht ihrem Verhalten nach Einheiten sind, brauchen nach Lotze nur solange unteilbar zu sein, als der Naturlauf die Bedingungen ihrer Zerteilung nicht herbeiführt. Aus diesem Grunde hält er auch die Möglichkeit der einstigen Entstehung der Atome aus kleineren Gebilden nicht für ausgeschlossen.

In ähnlichem Sinne spricht sich Lotze über die Bewegungen der Atome aus. Keine Bewegung, sagt er, tritt unter ihresgleichen derartig hervor, daß wir uns nach dem Muster einer derselben von einer ersten Bewegung eine Vorstellung bilden könnten.**)

Man vermutet vielleicht, Lotze nehme an der Unendlichkeit des Regresses Anstoß, indem er Bedenken trage, einer unendlichen Reihe von Ereignissen Wirklichkeit zuzuschreiben. Aber er vertritt ausdrücklich die Möglichkeit des unendlichen Regresses gegen die Behauptung Kants, daß die Welt einen Anfang haben müsse. Zwei Einwände, die Kant erhebt, sucht er zurückzuweisen. Freilich, sagt Lotze, ist dann, wenn die Welt anfanglos ist, bis zu jedem Augenblicke der Gegenwart eine unendliche Vergangenheit gewesen, aber sie ist nicht verflossen, wie ein Strom, der versiegt ist. Man hat deshalb keinen Grund, an der angeblichen Abgeschlossenheit der unendlichen Reihe der Ereignisse Anstoß zu nehmen, denn abgeschlossen ist nur jedes einzelne der Ereignisse, aber nicht die Reihe derselben; diese setzt sich beständig fort, ohne mit der Gegenwart aufzuhören.

Auch die Unmöglichkeit, durch successive Synthese eine unendliche Reihe zu vollenden, berechtigt nach Lotze nicht zur Leugnung der Wirklichkeit dieser Reihe. Denn, sagt er, wenn wir nur dasjenige als wirklich anerkennen dürften, was wir „durch eine Verbindung von Denkhandlungen so zu machen imstande sind, wie wir uns vorstellen müssen, daß es sein und geschehen würde, wenn es wäre und geschähe", so würden wir auch das Sein und das Werden bezweifeln müssen, da wir auch diese nicht synthetisch konstruiren können. Daß wir ihre Wirklichkeit dennoch anerkennen müssen,

---

*) Metaphys. von 1879. S. 371.
**) Metaphys. von 1879. S. 162.

zeigt, wie überflüssig die Forderung der Synthese ist.*) Wirklich ist, was frei ist von inneren Widersprüchen und durch die Erfahrung geboten wird. Möglich ist, was frei ist von inneren Widersprüchen und nicht gegen ein Gebot der Erfahrung verstößt. Den letzteren beiden Anforderungen genügt die Annahme des unendlichen Regresses.

Die Mehrzahl derer, die einen absoluten Weltanfang bevor= zugen, thut dies aus religiösem Bedürfnis. Das Verlangen, die Welt sich zu denken als hervorgegangen aus der Hand eines weisen und gütigen Schöpfers, führt meist zum Glauben an einen bloß einmaligen Schöpfungsakt, zu der Vorstellung Gottes als erster Ursache der Welt, deren spätere Zustände ihr Dasein nur mittelbar Gott verdanken. Eine solche Welt muß natürlich einen Anfang gehabt haben. Indeß bei Lotze führt das gleiche Verlangen nicht zu der gleichen Annahme. Allerdings leitet auch er das Dasein der Welt aus Gott ab, aber er leugnet das transeunte Wirken, hält nur immanente Wechselwirkungen zwischen den Zuständen eines und desselben Wesens für möglich,**) leugnet deshalb auch die selbständige Existenz der aufeinander wirkenden Dinge und er klärt sie für veränderliche Zustände des einen Unendlichen, für „Aktionen" Gottes. Nach seiner Lehre ist also Gott die unmittel bare Ursache nicht nur eines etwaigen Anfangszustandes der Welt, sondern überhaupt jedes ihrer Zustände, und die Welt existirt nicht in Folge einer einmaligen Schöpfungsthat, sondern auf Grund einer creatio continua. Damit fällt aber für Lotze die Notwen digkeit der Annahme eines absoluten Anfangs hinweg. Es ist sogar schwierig, sich die Reihe der göttlichen Schöpfungen als eine begrenzte zu denken, und Lotze erkennt diese Schwierigkeit selbst an.***)

*) Metaphysik 1879. S. 274 ff.
**) In kürzester Form begründet Metaphys. 1879. S. 140.
***) Grundz. d. Relig. Phil. S. 71: Es „belästigt uns die Leere der un endlichen Zeit vor diesem Anfang." „Denn auch ein einsames Vordasein Gottes ist dann ein unklarer Gedanke, wenn man die Weltschöpfung aus einem Willen Gottes entspringen läßt, der weder zu seiner Entstehung, noch zu seiner Ausführung dieser Vorbereitungszeit bedürfen konnte." Ähnlich Met. 1879. S. 459.

Aus alledem geht hervor, daß Lotzes obige Behauptung, der unendliche Regreß mache als Konsequenz des Kausalitätsgesetzes dessen ausnahmslose Gültigkeit verdächtig, sich jedenfalls nicht auf Widersprüche in der Vorstellung des Regresses oder auf die Unfruchtbarkeit seiner Annahme für die Welterklärung stützen kann. Die Behauptung selbst ist aber zuzugeben, denn obgleich der Gedanke des unendlichen Regresses von inneren Widersprüchen frei ist, so fehlen doch solche auch in der Vorstellung eines absoluten Anfangs. Die Unmöglichkeit, das Zustandekommen des letzteren zu erklären, widerspricht weder seinem Begriff, in welchem sie vielmehr enthalten ist — denn erklären heißt auf Ursachen zurückführen — noch ist sie an sich ein Hinderungsgrund, seine Wirklichkeit anzuerkennen. Die Erfahrung aber drängt uns weder zu der einen noch zu der andern Annahme. Der unendliche Regreß ist somit zwar möglich, aber nicht notwendig. Daß nun nicht trotzdem das Kausalitätsgesetz zu Gunsten seiner Folge entscheidet, ja daß wir diese überhaupt erst als möglich nachweisen zu müssen glauben, anstatt unbesehen ihre Wirklichkeit anzunehmen, das ist es, und nicht die Unfruchtbarkeit der Annahme des Regresses, was das Kausalitätsgesetz verdächtigt. Insofern macht der unendliche Regreß allerdings darauf aufmerksam, daß es keine axiomatische Gültigkeit besitzt.

Indeß nur die Fassung, die Lotze dem Kausalitätsprinzip giebt, verträgt sich mit der Annahme der menschlichen Freiheit, nicht die Art und Weise, wie er die Gültigkeit desselben erklärt. Er leugnet, wie schon erwähnt, die Möglichkeit des transeunten Wirkens und behauptet, daß nur solche Dinge auf einander wirken können, welche in Wahrheit Zustände eines und desselben Wesens, nämlich Gottes sind. Das gilt aber auch von unsern Entschlüssen. Sie würden ohne Einfluß auf die Bewegungen unseres Körpers und auf die geistigen Vorgänge bleiben müssen, wenn sie nicht gleichfalls nur „Aktionen" des einen Unendlichen wären. Oder aber Gott müßte sie, die ursprünglich selbständigen, damit sie wirksam würden, jedesmal erst zu seinen Zuständen machen; jedoch dies würde infolge der Unmöglichkeit des transeunten

Wirkens nicht geschehen können. Die Wirksamkeit, die Lotze unsern Entschlüssen zugesteht, erlaubt mithin zwar die Annahme ihrer Freiheit, aber sie hören auf, menschliche Entschlüsse zu sein, und verwandeln sich in freie Thaten Gottes.

Die Immanenz des Wirkens führt überhaupt Lotze zum Pantheismus. So ist auch die menschliche Seele, weil sie die Außenwelt beeinflußt und von ihr beeinflußt wird, in Lotzes Augen ein Zustand Gottes. Zugleich aber beweist ihm das Vorhandensein unseres Selbstbewußtseins, daß sie nicht als bloße Phantasievorstellung Gottes, sondern als reales Wesen existirt; denn darin besteht nach Lotze im Gegensatz zur bloßen Phantasievorstellung, die wir uns von einem Dinge machen, dessen Realität, daß es nicht nur den Gegenstand eines fremden, sondern „für sich seiend" das Objekt eines eigenen Bewußtseins bildet.*) Genügt nun diese Realität der Seele, um die Möglichkeit eigener freier Willensakte zu begründen? Gewiß nicht! „Einer durch Pausen unterbrochenen Melodie" vergleichbar, besteht nach Lotze das Bewußtsein der Seele nur solange, als Gott die Aktionen unterhält, die den Inhalt ihres Bewußtseins ausmachen.**) Ihre Freiheit kann daneben nicht bestehen. Nicht die Seele, sondern Gott faßt in Wahrheit den Entschluß, den sie, selbst zu fassen, sich bewußt ist, und anstatt zu wollen würde sie in Bewußtlosigkeit, nach Lotzes Ansicht also in Nichts versinken, wenn Gott ihr wirklich die Freiheit ließe, sich selbst zu entschließen. Lotzes pantheistische Erklärung der Wechselwirkung spricht dem Menschen die Freiheit ab und macht ihn zum bloßen Zuschauer der Gottesthaten in ihm.

Die Klippe aber, an welcher bei Lotze die Annahme der menschlichen Freiheit scheitern muß, ist nicht derartig, daß sie sich umschiffen oder sprengen ließe. Lotze kann die Leugnung des transeunten Wirkens und dessen Zurückführung auf immanente Veränderungen eines einzigen Wesens nicht ignoriren oder aufgeben, ohne den Bau seines Systems zu untergraben. Die pantheistische

*) M. III. S. 511.

**) Metaphys. 1879. S. 602.

Begründung der Wechselwirkung enthält nach seiner Meinung den einzigen theoretisch zulässigen Beweis für das Dasein Gottes.*) Nur dieses aber leistet, wenn überhaupt irgend etwas, eine Ge= währ für die Wahrheit der Überzeugung, die den Schlußstein des Lotzeschen Lehrgebäudes bildet, daß allein dasjenige, was „sein soll", das wahrhaft Wirkliche ist.

Zweiter Abschnitt.

Teleologische Weltanschauung und menschliche Wahlfreiheit.

Die kausale Notwendigkeit ist für Lotze in Wahrheit eine teleologische,**) der Mechanismus nur das Werkzeug, mittelst dessen Gott seinen Weltplan verwirklicht.***) Wie verträgt sich ein gött= licher Plan mit menschlicher Freiheit?

Die Freiheit unserer Entschlüsse würde zu Abweichungen des Weltlaufes vom göttlichen Weltplan führen können, und es ist Lotze nicht gelungen, diesen Einwurf zurückzuweisen. Unhaltbar ist zu= nächst sein Gegeneinwand, daß auch ein freiheitloser, ununter= brochener Zusammenhang aller geistigen Zustände vor Störungen der Weltordnung nicht schützen würde.†) Es ist durchaus zulässig, den Mechanismus als bloßes Werkzeug der göttlichen Zweckthätig= keit zu betrachten, und zugleich ist dies der Grundgedanke in Lotzes eigenem System.

Nicht weiter führt es, wenn Lotze hervorhebt, daß wir doch immer nur geringe Spuren unserer Thätigkeit in der Natur zurück= lassen, ohne im Großen die Ordnung der Dinge erschüttern zu können.††) Wie gering auch immer, die Erfolge unseres freien Wollens würden dennoch oftmals vom göttlichen Weltplan ab= weichen können, denn es wäre ein Gottes unwürdiger Zweck, nur im Ganzen und Großen eine Ordnung der Dinge aufrecht zu er=

---

* M. III. S. 555; Grundz. d. Rel. Phil. S. 20 ff.
**) M. I. Vorrede S. XV.
***) Jede Wirkung ist ein göttlicher Zweck, jede Ursache ein Mittel zur Verwirklichung eines solchen.
†) M. I. S. 282.
††) Ebenda.

halten. Ganz abgesehen von der Undurchführbarkeit einer wirk=
lichen Ordnung im Großen ohne Ordnung im Kleinen würde ein
solcher Zweck voraussetzen, daß es Gott gleichgültig wäre, ob dem
Einzelnen unsere Entschlüsse zum Segen oder zum Verderben ge=
reichen möchten.*) Gleichgültig gegen Recht und Unrecht würde
Gott ruhig zusehen, wie neben dem Schuldigen und statt desselben
oft der Unschuldige leidet. Ein göttlicher Plan muß auch das
Kleinste umfassen. Allerdings tritt dann an die Stelle der Gleich=
gültigkeit gegen das Unrecht die Beabsichtigung desselben. Aber
wir haben keinen Grund, die Gleichgültigkeit Gottes gegen die
Leiden seiner Geschöpfe der Urheberschaft dieser Leiden vorzuziehen;
im Gegenteil, wenn menschliche Weisheit auch nicht begreifen kann,
weshalb sie verhängt sind, so läßt doch die Voraussetzung, daß
Gott sie auferlegt hat, wenigstens dem Glauben an zwar unbe=
kannte, aber doch gute und gerechte Endabsichten eine Stätte, welche
die Annahme eines gleichgültigen Gottes auch ihm versagt.

Zur Durchführung eines auch das Einzelne umfassenden Welt=
plans würde demnach eine beständige Ausgleichung der durch unsere
Freiheit veranlaßten Störungen erforderlich sein, und indem Lotze
ausdrücklich hervorhebt, daß die Annahme einer solchen „regierenden"
Thätigkeit Gottes für den Deterministen überflüssig sei, weil erst
die menschliche Freiheit dieser Thätigkeit ihre Aufgaben stelle,**) er=
kennt er selbst die Bedeutung der Abweichungen an, zu denen
unsere Freiheit würde führen können. Aber erlaubt denn Lotzes
Weltanschauung die Annahme verbessernder Eingriffe Gottes in
den Weltlauf? Dieselben könnten entweder derartig sein, daß
Gott mit Umgehung der Naturgesetze an den gleichen Entschluß,
ausgeführt unter den gleichen Umständen, nicht immer auch die
gleiche Folge knüpfte, sondern jedem Entschluß diejenige Wirkung
zuerkennte, welche dem Weltplan entspräche, — oder aber derartig,
daß die erforderliche Kompensation durch die Naturgesetze selbst
bewerkstelligt und dadurch ihre Umgehung überflüssig würde. Lotze
erklärt das Erstere, nämlich die Ausgleichung durch Wunder, für

*) s. u. S. 49.
**) M. III. S. 597; Grundzüge der Rel. Phil. S. 61.

möglich,*) widerspricht aber damit seiner früheren Annahme, daß die Erfolge der freien Entschlüsse der Herrschaft des Mechanismus unterliegen, und beraubt die Freiheit ihres Wertes. Erklärt er doch selbst, daß sie ohne die nur durch den Mechanismus verbürgte Sicherheit der Erfolge unserer Entschlüsse bedeutungslos sein würde.**) Es bliebe demnach nur die andere Art der Ausgleichung mittelst der Naturgesetze selbst übrig. Sie würde nur so erfolgen können, daß Gott bloß dann die Menschen vor die freie Wahl zwischen gegebenen Motiven stellte, wenn er eine Konstellation der Dinge herbeigeführt hätte, durch welche nach den Gesetzen des Mechanismus selbst die Ausführung der vom Weltplan abweichen= den Entschlüsse verhindert werden müßte. Aber diese Kompensation wäre ungenügend, denn sie würde zwar das, was Gott nicht wollte, verhüten, aber nicht auch das, was er beabsichtigte, verwirklichen. Ein Gottes würdiger Plan muß auch die Zahl der jährlichen Ver= brechen im Voraus bestimmen; jene Ausgleichung aber würde nur verhindern, daß die Zahl überschritten, und nicht dafür bürgen können, daß sie auch erreicht würde. Die Annahme unserer Frei= heit ist nach alledem mit der teleologischen Weltanschauung nicht vereinbar.

Dies Ergebnis beruht zum Teil auf der Behauptung, daß eine nur im Ganzen und Großen entworfene Weltordnung einen gleichgültigen Gott voraussetzen würde. Letztere Annahme bedarf aber noch der Begründung. Wir gelangen so zunächst zu der Frage nach dem Ursprung des Bösen und der Übel.

Es ist zuzugeben, daß der Gott des Deterministen der Ur= heber des Bösen und der Übel ist, aber der des Indeterministen ist es nicht minder. Angenommen auch, die bösen Entschlüsse und ihre Wirkungen wären einzig und allein auf Rechnung des Men= schen zu setzen, so würde Gott doch immerhin als Urheber aller der Übel zu betrachten sein, welche nicht Folgen unserer Willens= akte sind. Hierin ist auch Lotze unserer Meinung, indem er be= sonders auf die Leiden der Tierwelt, auf den „systematisirten" Ver=

---

*) Grundz. der Rel. Phil. S. 69.
**) Grundz. der prakt. Phil. S. 30; s. o. S. 39.

nichtungskrieg hinweist, den die Arten unter einander führen,*) und die Unmöglichkeit hervorhebt, solche Übel als Wirkungen unserer Entschlüsse zu begreifen. Jedoch in Wahrheit handelt es sich nicht um die Urheberschaft des Bösen, sondern darum, wer die Schuld daran trägt. Schuldig aber wäre Gott auch an den übeln Wirkungen unserer freien Entschlüsse, denn er würde diese Wirkungen voraussehen und zu hindern vermögen; und ebenso trüge er die Schuld an unsern bösen Entschlüssen selbst, denn er würde dem Mißbrauch der Freiheit ruhig zusehen, obwohl er die Macht besäße, sie uns zu entziehen. Die Unterscheidung zwischen Zulassung und Urheberschaft befreit Gott nicht von Schuld; auch würde die Zulassung stets mit Urheberschaft verbunden sein, denn auch nach indeterministischer Lehre ist Gott der Urheber der bösen Motive und der Freiheit, sie zu wählen.

Aber damit ist noch nicht erwiesen, daß die göttliche Zulassung aus Gleichgültigkeit geschehen würde. Während der Determinist darauf verzichten muß, zu erklären, weshalb denn nun Gott die bösen Entschlüsse und deren Folgen hervorrufe, glaubt der Indeterminist den Grund ihrer Zulassung angeben zu können. Hinsichtlich der Übel, welche nicht durch unsere Entschlüsse veranlaßt sind, muß auch er anerkennen, daß Übel, wenn überhaupt, so doch nur dann als Mittel zur Erreichung guter Zwecke Anwendung finden dürfen, wenn nicht auch andere Wege zu demselben Ziele führen; daß deshalb der Gebrauch an sich verwerflicher Mittel unter dieser Voraussetzung bei Gott einen Mangel an Macht oder Güte bedeuten würde. Anders soll es sich mit der Duldung des Bösen verhalten. Diese ist in den Augen des Indeterministen gerechtfertigt durch einen Zweck, der sich unbeschadet der Güte Gottes sowohl, wie seiner Allmacht nur unter Zulassung des Bösen soll verwirklichen lassen. Er besteht darin, daß die Menschen Gutes thun und sich Verdienste erwerben, und Beides soll nur dann geschehen können, wenn dem Menschen auch die Möglichkeit, das Böse zu wählen, offen steht. Auch Lotze sieht hierin eine

---

*) Grundz. d. Rel. Phil. S. 80.

Rechtfertigung der Zulassung des Bösen, scheut sich jedoch, dieselbe auf die nächsten Folgen dieses Bösen auszudehnen. Er kann nicht begreifen, weshalb die verwerflichen Entschlüsse, an sich zwar durch ihre Möglichkeit condicio sine qua non der Güte der guten, auch physische Folgen nach sich ziehen, und warum Gott ihre übeln Wirkungen nicht vielmehr verhütet.*) Aber es ist doch eine be= kannte Thatsache, daß wir nur dasjenige wollen können, was wir für ausführbar halten; und so würde denn auch der Wunsch, das Böse zu wählen, nicht zum Entschluß werden können, wenn wir nach vielfacher Erfahrung schon im Voraus von der Erfolglosigkeit der unsittlichen Willensakte überzeugt wären. Die Möglichkeit, das Böse zu wollen, setzt also auch die Fähigkeit voraus, es auszu= führen; und deshalb berechtigt der Zweck, daß wir Gutes thun sollen, nach indeterministischer Anschauung auch zur Duldung der Wirkungen unserer bösen Entschlüsse.

Gegen diesen Zweck selbst ist Nichts einzuwenden. Bedenklich ist dagegen die Behauptung, daß zu seiner Verwirklichung die Mög= lichkeit des Bösen unentbehrlich sei, weil es ohne diese keinen wahr= haft guten Entschluß und kein Verdienst geben könne. Diese Frage werde ich erst im dritten Teil der Abhandlung zu beantworten versuchen.

Dritter Abschnitt.

Göttliche Allwissenheit und menschliche Wahlfreiheit.

Lotze wirft die religionsphilosophische Frage auf, ob die All wissenheit Gottes sich auf zukünftige Ereignisse auch dann erstrecken kann, wenn dieselben ursachlos sind. Indem er diese Frage be= jaht, setzt er sich in Widerspruch mit seiner neueren, in der Meta= physik von 1879 vorgetragenen Lehre von der Zeit. Er sagt selbst, daß zwar ein Wissen des Freien möglich, ein Vorherwissen des= selben aber unmöglich sei, denn das Zukünftige, welches nicht schon in der Gegenwart durch seine Gründe vertreten sei, unterscheide sich, solange es noch nicht zur Gegenwart geworden, in Nichts von dem, was niemals sein werde. Um nun die menschliche Freiheit

---

*) Grundz. d. Rel. Phil. S. 79.

mit der göttlichen Allwissenheit zu versöhnen, verwandelt er in seinem Mikrokosmus das Vorherwissen des Freien in ein Wissen desselben. Dies kann nur dadurch geschehen, daß der zeitliche Verlauf der Ereignisse als Erscheinung eines in Wirklichkeit unzeitlichen Seienden betrachtet wird, und so erstarrt denn der Strom des Geschehens für Lotze zum System unveränderlicher Glieder.*) Auch bilden Freiheit und Allwissenheit nicht den einzigen Grund, der ihn zur Annahme der bloßen Phänomenalität der Zeit bestimmt; es treibt ihn dazu auch die Hoffnung, daß die Vergangenheit nicht dahin sein werde, als wäre sie nie gewesen,**) und daß vergangene Geschlechter nicht werden gelitten haben, ohne in Gemeinschaft mit den Nachkommen auch die Frucht ihrer Mühen in einem zeitlosen Dasein zu genießen.***)

Aber abgesehen davon, daß die Unwandelbarkeit jenes Systems von Gründen und Folgen das Letztere schwerlich gestatten würde, hat Lotze selbst in der Metaphysik diese Lehre umgestoßen auf Grund der Thatsache, daß die Zukunft beständig in Gegenwart und diese in Vergangenheit übergeht. Wie er selbst lehrt, würden wir als Glieder eines solchen Systems zwar unsere Gründe als Vergangenheit, das uns Nebengeordnete als Gegenwart und unsere Folgen als Zukunft uns vorstellen, wir würden also wohl die Charaktere des Vergangenen, Gegenwärtigen und Zukünftigen verteilen, aber wir würden keinen Grund haben, in dieser Verteilung zu wechseln, und das uns Koordinirte würde uns immer als Gegenwärtiges erscheinen, ohne jemals zum Vergangenen zu werden.†)

Lotze müßte übrigens nicht nur die Möglichkeit, die freien Entschlüsse des Menschen vorauszusehen, sondern vielleicht auch diejenige leugnen, sie als gegenwärtige zu wissen. Nach seiner Meinung giebt es ein Wissen nur von dem, was auf den Wissenden einwirkt;††) aber wir haben gesehen, daß die Lehre von der Zu-

*) M. III. S. 597—601.
**) Metaphys. 1879. S. 301.
***) M. III. S. 50. 51.
†) Metaphys. 1879. S. 297.
††) Grundz. d. Metaphysik 1883. S. 76 u. Grundzüge d. Logik und En cyclop. d. Phil. 1885. S. 111.

4*

manenz alles Wirkens die Wirksamkeit selbständiger Entschlüsse des Menschen ausschließt. Freilich denkt sich Lotze wohl nur das menschliche Wahrnehmen auf Wechselwirkung gegründet, denn obgleich er sich über das göttliche Wissen in dieser Beziehung nicht ausspricht, so ist doch nach Analogie anderer Systeme zu vermuten, daß auch nach seiner Ansicht das göttliche Erkennen vom menschlichen durchaus verschieden sei. Nun könnte man ihm entgegnen, Gott wisse nur das, was aus ihm entspringe, die freien Entschlüsse des Menschen seien aber nicht göttlichen Ursprungs. Indeß auch diese Begründung des göttlichen Wissens dürfte man in Lotzes Schriften vergeblich suchen.

Dritter Teil.

Werden Schuldbewußtsein und Pflichtgefühl durch die Wahlfreiheit gerechtfertigt?

Nach Lotzes Ansicht ist nur derjenige wahrhaft schuldig einer That, der sich frei für dieselbe entschieden hat, und zwar frei nicht nur von äußerem Zwange, sondern auch von der inneren Nötigung des eigenen Wesens. In dieser Meinung würde sich Lotze nicht beirren lassen durch den Hinweis darauf, daß auch Gefühle, wie die des Mitleids und der Schadenfreude, also Zustände, die nach seiner Ansicht innerlich unfrei sind, als Verdienst und Schuld zugerechnet werden.*) Er würde diese Thatsache zwar zugeben müssen, zugleich aber eine derartige Zurechnung für irrtümlich und unberechtigt erklären.

Ferner genügt ihm die Abwesenheit des äußeren Zwanges auch dann nicht, wenn die ethische Einsicht in den guten oder bösen Charakter der Handlung vorhanden gewesen ist. Um Verdienst oder Schuld zu begründen, ist ihm die ethische Einsicht zwar erforderlich, aber nicht ausreichend.**)

Lotzes Begriffen von Verdienst und Schuld scheinen jedoch Voraussetzungen zu Grunde zu liegen, die einander widersprechen.

---

*) Brentano, Psychologie. S. 333.
**) Grundz. d. Rel. Phil. S. 66. (Grundz. d. prakt. Phil. S. 31. Vergl. auch M. 1. S. 285.

Um als Verdienst betrachtet werden zu dürfen, muß ein Entschluß nach Lotze ursachlos sein. Aber zugleich gesteht er zu, daß wir von Verdienst nur da reden dürfen, wo wir voraussetzen können, daß das Gute nicht grundlos, sondern um des Guten willen gewollt ist. Diese Voraussetzung ist eine doppelte. Sie besagt einmal, daß der Thatbestand, dessen Verwirklichung das Ziel des Willens bildet, nicht als bloßer Thatbestand und ohne Rücksicht darauf gewollt werden darf, ob er Andere fördert oder nicht, sondern als Bedingung für fremdes Glück gewollt werden muß. Dieser Anforderung würde auch ein freier Willensakt genügen, denn sie betrifft nur den Inhalt des schon vorhandenen Wollens und nicht sein Zustandekommen. Jedoch das Wohl des Nächsten muß nicht nur der Zweck des Wollens sein, es darf auch nicht grundlos zum Zweck erhoben worden sein. Trotz seiner Freiheit und seiner Güte wäre ein Entschluß doch noch kein Verdienst, das man Jemand zu rechnen könnte, sondern ein bloßer Zufall, wenn das selbstlose Motiv vor dem egoistischen bevorzugt worden wäre ohne jede Rücksicht auf beider Inhalt und ohne jede Erwärmung für sein Ziel. Und dieser Mangel würde den freien Entschlüssen anhaften. Lotze hebt zwar hervor, daß der ursachlos entstandene Wille „nicht blind" sein würde, denn er würde „keine isolirte, für sich selbst vorhandene Kraft", sondern eine Bewegung desselben Geistes sein, der zugleich auch die verschiedenen möglichen Handlungen nach ihrem Werte beurteilte;*) aber was nützt dem wählenden Geiste das Bewußtsein der Werte, wenn er sich an dasselbe nicht kehrt? Er gleicht dann zwar nicht einem Blinden, wohl aber einem Sehenden, der das, was er sieht, in seinem Thun nicht beachtet. Der Indeterminist kann deshalb die Freiheit gegen den Vorwurf der Unvernunft nur dadurch zu verteidigen suchen, daß er eine Rücksichtnahme auch dem gegenüber für möglich erklärt, mit welchem jeder ursächliche Zusammenhang fehlt. Dies meint wohl auch Lotze, wenn er behauptet, die Zurechnungsfähigkeit des Entschlusses werde schon durch das bloße Vorhandensein des Wertbewußtseins genügend

*) Grundzüge d. Rel. Phil. S. 67. Grundzüge der prakt. Phil. S. 31.

begründet, und man habe nicht nötig, auch eine Einwirkung des=
selben auf den Entschluß zu verlangen.*)

Indes die freie Rücksichtnahme auf die Werte der Motive
würde derartig sein müssen, daß sie auch die Wahl des schwächeren
Motivs zur Folge haben könnte, und diese Leistung widerspräche
dem Wesen der Rücksichtnahme selbst. Aus Rücksicht auf die Werte
zweier Gegenstände wählen heißt: den wertvolleren bevorzugen, und
es ist schlechterdings sinnlos, zu behaupten, daß auch eine Wahl
des nach dem Gefühl des Wählenden minderwertigen Objektes aus
Rücksicht auf die Werte beider geschehen würde.**) Die Freiheit
der Rücksichtnahme würde deshalb darin bestehen, daß es dem Zu=
fall überlassen wäre, ob die Werte berücksichtigt würden, oder nicht.
Aus diesem Grunde würde aber nicht nur jede Bevorzugung des
schwächeren Motivs eine unvernünftige Handlung, sondern auch
jede Wahl des stärkeren eine bloßer Zufall sein. Es ist vergeb=
lich, auf das Gewissen als einen von der Stärke der Motive un=
abhängigen, zweiten Maßstab zu verweisen, an welchem gemessen
das schwächere Motiv oft das wertvollere sei, und hervorzuheben,
daß die Wahl desselben durch die Rücksicht auf diese andere
Messung vor Unvernunft bewahrt werde. Bei Bevorzugung des
schwächeren und zugleich egoistischen Beweggrundes würde weder
die Stärke der Motive, noch das Gewissen Beachtung finden. Über=
dies wäre es doch immer noch dem Zufall überlassen, welcher von
beiden Maßstäben berücksichtigt würde. Somit ist keine Wahl schon
in Folge des bloßen Vorhandenseins der Wertschätzung eine ver=
nünftige; sie ist es erst dann, wenn ihr Ergebnis durch das Wert=
urteil bedingt d. h. notwendig ist.

*) Ebenda.
**) Es kommt vor, daß der minderwertige von zwei Gegenständen mit
dem Bewußtsein seiner Minderwertigkeit gewählt wird; aber dann erfolgt die
Wahl nicht aus Rücksicht auf die beiden Werte, sondern trotz dieser Rücksicht.
Auch würde eine solche Wahl offenbar unvernünftig sein, falls sie nicht aus
Rücksicht auf einen dritten Wert erfolgte, dessen Zugehörigkeit zu dem nur an sich
minderwertigen Objekte letzteres zum wertvolleren machte (bezw. aus Rücksicht
auf einen negativen Wert, dessen Zugehörigkeit zu dem an sich wertvolleren
Objekte dieses zum minderwertigen machte).

Ferner muß jeder Indeterminist anerkennen, daß der gleiche Entschluß nicht immer das gleiche Verdienst oder die gleiche Schuld begründet. Wer sich mit Selbstmordgedanken getragen hat, dem ist die gefahrvolle Rettung eines fremden Lebens weit geringer an= zurechnen, als dem glücklichen Verlobten; und der gemeine Ver= brecher aus guter Familie trägt schwerere Schuld, als der gleiche Verbrecher, aufgewachsen in lasterhafter Umgebung. Auch diese Größenunterschiede bei Verdienst und Schuld setzen Unfreiheit des Willens voraus. Die Größe beider ist abhängig von der Stärke des bevorzugten Motivs, und als Maßstab für die letztere dient uns die Kraft, welche wir dem zurückgesetzten Gegenmotiv zuschreiben. Dies hat aber nur dann einen Sinn, wenn die Entschlüsse durch die Stärke der Motive bedingt sind; wäre unser Wille frei, so würde die Wahl des einen Motives kein Beweis für die größere Stärke desselben, mithin die Kraft des zurückgesetzten Beweggrundes kein Maßstab für die des bevorzugten sein.

Das Schuldbewußtsein darf nach alledem in den Augen des Indeterministen nur dann als gerechtfertigt erscheinen, wenn die Entschlüsse, auf welche es sich bezieht, zugleich frei d. h. nichtnot= wendig und notwendig sind. Jedoch dies beides zu leisten, ist kein Willensakt imstande. Sollen Verdienst und Schuld überhaupt einen Sinn behalten, so dürfen sie nur eines, entweder die Frei= heit oder die Notwendigkeit der Entschlüsse, voraussetzen. Nun würde es vergeblich sein, von der Notwendigkeit abzusehen, denn ein unvernünftiger Zufall kann Niemandem zugerechnet werden. Es bleibt nur übrig, die Annahme der Freiheit fallen zu lassen und sich mit dem Vorhandensein der ethischen Einsicht zu be= gnügen, oder man muß aufhören, von Verdienst und Schuld zu reden.

Aber wären Freiheit und Notwendigkeit auch in einem und demselben Entschlusse vereinbar, was würde es nützen? Die An= nahme der Freiheit ist von Lotze aufgestellt, um das Dasein der Reue teleologisch zu rechtfertigen, d. h. die Thatsache des Schuld= bewußtseins zu versöhnen mit dem Glauben an eine gerechte Welt= ordnung. Es handelt sich also um die Rechtfertigung der Reue als von Gott verhängter Strafe. Aber Lotze selbst bricht die

Kraft dieses Argumentes, indem er jede wissenschaftliche Theodicee für unmöglich erklärt.*) Insbesondere lehrt er, daß die Aufer=legung von Leiden nur als Mittel zur Erzielung irgend welches Glückes entschuldbar sei, und lehnt doch zugleich die Erziehung der Menschheit als einen unklaren Begriff ab.**) Es dürfte schwer sein, aus diesen Widersprüchen einen Ausweg zu finden.

Das Gleiche gilt von der Rechtfertigung des Pflichtgefühls als göttlichen Gebotes. Wir dürfen, meint Lotze, von Gott nicht annehmen, daß er etwas von uns fordere, was wir nicht leisten können; wir haben also Freiheit vorauszusetzen. Aber dem steht entgegen, daß jedes Gebot auf das Verhalten desjenigen, an den es ergeht, zu=gleich auch einwirken will. Es wäre deshalb sinnlos, einem Willen zu gebieten, der sich nicht beeinflussen ließe. Außerdem verlangt das Sittengesetz, aus Achtung und nicht grundlos befolgt zu werden; die Freiheit erlaubt aber bloß eine Befolgung mit Achtung und nicht aus Achtung, sondern aus Zufall, denn eine freie Rücksichtnahme wäre eine zufällige.

Die Freiheit würde demnach zur Rechtfertigung des Pflichtge=fühls nicht ausreichen, unsere Entschlüsse müßten zugleich auch not=wendig sein. Die Unverträglichkeit beider Voraussetzungen zwingt uns, jene Rechtfertigung ohne die Annahme der Freiheit zu ver=suchen. Die einzige Schwierigkeit, welche dann zurückbleibt, ist diese, ob es teleologisch denkbar sei, daß das Pflichtgefühl auch in den Fällen sich in uns regt, wo es uns unmöglich ist, ihm Folge zu leisten. Es fragt sich also, ob es der göttlichen Güte und Weisheit entspreche, etwas auch dann von uns zu verlangen, wenn wir selbst zwar glauben, es leisten zu können, thatsächlich aber nicht dazu imstande sind. Diese Frage zählt jedoch wieder zu den nach Lotze selbst unlösbaren Aufgaben der Theodicee.

Schluß.

So hat sich denn der Determinismus, soweit diese kritische Betrachtung der Lotzeschen Freiheitslehre uns in die Sache ein=dringen ließ, als die haltbarere Ansicht herausgestellt.

*) Grundz. d. Rel. Phil. S. 75 ff; M. III. S. 604 f.
**) M. III. S. 22 ff.

Es ist gar kein Einwand, wenn man von dem Glauben an die Notwendigkeit unserer Entschlüsse eine Lähmung des sittlichen Handelns befürchtet. Dieser Glaube wäre nur dann ein Hemmschuh des sittlichen Strebens, wenn er die Gebote des Gewissens ihres Wertes beraubte, und wenn wir die Unmöglichkeit, ihnen zu folgen, im gegebenen Falle vorhersehen könnten. Aber von äußerem Zwange abgesehen, erkennt Niemand dieselbe im Voraus, und zugleich berechtigt die Annahme der Bedingtheit unserer Entschlüsse zu der Überzeugung, daß die Wahrscheinlichkeit des guten Entschlusses zunimmt, je mehr man sich das Gebot der Pflicht vor Augen hält. Nur unter Voraussetzung der Unfreiheit hat diese Vergegenwärtigung einen Sinn. Und was den Wert der sittlichen Gebote betrifft, so kann der Gedanke an die Möglichkeit, ihnen in einzelnen Fällen nicht folgen zu können, den Glauben nicht erschüttern, daß ihre allgemeine Befolgung zum Heile Aller sein würde.

Zu beklagen ist nach alledem die Lücke, welche die Annahme der Freiheit in Lotzes System reißt. Wir haben gesehen, daß die beiden Grundgedanken seiner Weltanschauung — die pantheistische Erklärung der Wechselwirkung und die Teleologie — mit der Annahme der menschlichen Freiheit unvereinbar sind. Aber mehr noch! Der Zweck, weshalb Lotze sein System überhaupt aufstellt, ist der, den Anspruch der Wissenschaft auf Erklärbarkeit alles Sei enden aus seinen Ursachen zu versöhnen mit dem Glauben des Gemütes an die Herrschaft heiliger Ziele.*) Und diesen Zweck vereitelt die Annahme der Freiheit. Schon ist der versöhnende Gedanke ausgesprochen, schon ist die ausnahmslose Gültigkeit und zugleich die untergeordnete Bedeutung des Mechanismus behauptet,**) da wird die Wissenschaft an ihrem Anteil verkürzt, unserer Freiheit zu Liebe erfährt das Kausalitätsgesetz seine Umgestaltung.***) Und wie belohnt dies die Annahme der Freiheit? Sie streitet nicht nur mit der Teleologie, sie löst nicht einmal ihre eigene Auf gabe, und das Verlangen des Gemütes nach Rechtfertigung von Schuld- und Pflichtgefühl bleibt ungestillt.

*) M. I. Vorrede.
**) M. I. Vorrede. S. XV.
***) s. o. Teil II, Abschnitt I.

Vita.

Natus sum Friedericus Joannes Carolus Godofredus Wahn a. d. VIII. Id. Sept. a. MDCCCLXI in vico Thuringo, cui nomen est Altenbeichlingen, patre Friederico matre Louisa e gente Mueller. Fidei addictus sum evangelicae. Primis litterarum elementis domi imbutus Cusniae scholam Raabeensem adii. Auctumno a. MDCCCLXXIV in scholam Portensem receptus sum, unde auctumno a. MDCCCLXXX maturitatis testimonio instructus Jenam me contuli. Tribus Jenae, uno Monaci, duobus Berolini semestribus peractis Halas transmigravi ibique universitatis civis fui per semestria sex. Per omnia duodecim semestria viros audivi doctissimos hos:

de Bezold, Delbrueck, Dilthey, Dittenberger, Eucken Gaedechens, Gelzer, de Giesebrecht, Goetz, Haym, Hiller, Huebner, Julius, Keil, Kirchhoff, Kluckhohn, Meyer, Schaefer, A. Schmidt, M. Schmidt, Siebert, Sievers, Stieve, Stumpf, Uphues, Vahlen, Vaihinger, Vischer.

Ut seminariis exercitationibusve suis interessem, benigne permiserunt:

Dittenberger, Haym, Hiller, Keil, Schaefer, Sievers, Stumpf, Uphues, Vaihinger, Vischer.

Quibus viris omnibus, in primis Diterico Schaefer et Carolo Stumpf, gratiam habeo maximam.